DON BOSCO
VERLAG

Andrea Erkert

Spiele zur Sinnesförderung

Don Bosco

Bibliografische Information Der Deutschen Bibliothek

Die Deutsche Bibliothek verzeichnet diese Publikation in der
Deutschen Nationalbibliografie; detaillierte bibliografische
Daten sind im Internet über http://dnb.ddb.de abrufbar.

3. Auflage 2003 / ISBN 3-7698-1169-0
© 1999 Don Bosco Verlag, München
Umschlag und Illustrationen: Felix Weinold
Gesamtherstellung: Don Bosco Grafischer Betrieb, Ensdorf

Gedruckt auf umweltfreundlichem Papier.

Inhalt

Sinnesspiele machen Sinn ...

... denn unsere Sinne schaffen die Voraussetzung für Verstehen, Entwicklung und Lernen. Kinder erleben und verstehen ihre Umwelt zunächst ausschließlich durch Einsatz ihrer Sinne. Sie atmen, fühlen, bewegen sich, riechen, schmecken, schauen und hören. Durch die unmittelbare Berührung, durch Greifen und Empfinden findet Begreifen statt. Die Sinne liefern Informationen über die Umwelt, die Kindern als grundlegendes Wissen nachhaltig zur Verfügung stehen, ihnen Sicherheit verleihen und sie zur aktiven Gestaltung des Lebens befähigen.

Nicht alle Kinder haben die Chance, in einer „reizvollen" Umgebung aufzuwachsen, die die Sinne ausreichend stimuliert, die Neugier weckt, die Augen öffnet, zum Ohren-Spitzen auffordert oder das Berühren erlaubt. Gerade für sie ist es wichtig, das sinnenreiche Erleben durch eine Vielzahl pädagogisch motivierter Angebote zu ermöglichen.

Die hier vorgestellte Spielesammlung macht eine solche Förderung auf ganz praktische, einfache Art und Weise möglich. Über 140 Spiele laden zum intensiven Wahrnehmen ein: schnuppern, schnüffeln, Nase rümpfen, hinschauen, beobachten, beurteilen, verstehen, lauschen, zuhören, konzentrieren, tasten, fühlen usw. Der besseren Übersichtlichkeit wegen, sind die Kapitel klar nach den vier Sinnen Hörsinn, Sehsinn, Riech- und Schmecksinn und Tastsinn gegliedert. Ein fünftes Kapitel widmet sich zusätzlich der Grundlage jeder sinnlichen Wahrnehmung, dem Atmen. Der Bewegungs- und Gleichgewichtssinn wird in vielen Übungen mit angesprochen und bildet darum kein eigenes Kapitel.

Die Gliederung ist nicht als Systematik zu verstehen, die abgearbeitet werden muss. Übungen zur Sinnesförderung sollten nicht isoliert stattfinden oder über einen längeren Zeitraum nur einen Sinn berücksichtigen, sondern eingebunden werden in einen pädagogischen Handlungsrahmen, der alle Sinne gleichermaßen herausfordert und fördert und die Wechselwirkungen zwischen den Sinnen ins Bewusstsein hebt.

Die Spiele sind so zusammengestellt, dass für alle Bedürfnisse etwas Passendes zu finden ist. Es gibt Spiele für draußen, mit viel Bewegung, Spiele, die eher Ruhe und Stille brauchen, Spiele im Stuhlkreis für große Gruppen, Partnerspiele, Spiele mit Naturmaterialien und solche, die ganz ohne Material auskommen. Falls welches benötigt wird, ist es jeweils deutlich über dem Spiel ausgewiesen, so dass die Vorbereitung erleichtert wird.

Die Spiele und Übungen haben zum Ziel, den Einsatz aller Sinne zu fördern und den Kindern das bewusste Erleben ihrer Sinne zu ermöglichen, um die daraus gewonnenen Erkenntnisse nachhaltiger verfügbar zu machen. Die Spiele sollen Ausgleich schaffen für weniger sinnenreiche Umwelten und Aufmerksamkeit wecken für Feinheiten, für Zartes, Leises, Winziges, Schönes. Ganz nebenbei sorgen sie auch für eine gesteigerte Konzentrationsbereitschaft und -fähigkeit, fördern Ruhe und Entspannung, führen zu Wertschätzung der Umwelt und bahnen den behutsamen Umgang mit ihr an.

Viel Erfolg!

Spiele und Übungen zur Sinnesförderung

Spiele, die hellhörig machen

Stilleübungen mit Kindern haben in allen Kindertageseinrichtungen, vom Kindergarten bis zur Grundschule, Einzug gehalten und das mit gutem Grund: Auf unsere Ohren treffen die meiste Zeit des Tages unzählige Geräusche, leise Töne, laute Stimmen, Motorengeräusch, Krach, Kreischen. Wir haben uns an den ständigen Lärm gewöhnt. Kinder merken oft gar nicht mehr, dass sie von zu vielen Geräuschen „bombardiert" werden. Sie sind in Gefahr, ihre Wertschätzung für feine, zarte Laute in der Umwelt zu verlieren oder sogar die Fähigkeiten des differenzierten Hörens einzubüßen, wenn sie sich nicht von Zeit zu Zeit durch Stille- oder Hörübungen wieder bewusster den leiseren Tönen ihrer Umgebung zuwenden. Denn obwohl uns der tägliche Lärmpegel als normal und folgenlos erscheint, wirkt er sich doch aus: Lärm beeinflusst das Stressempfinden stark. In einer Umgebung mit breiter Geräuschkulisse sind wir oft schneller genervt, sind ungeduldiger und weniger konzentriert. Viele Kinder sind aber schon so sehr an Lärm gewöhnt, dass ihnen ungewohnte Stille zunächst einmal Angst machen und statt höherer Konzentration Unruhe auslösen kann.

Die Flut an Hörreizen macht das Abschalten und die ungeteilte Aufmerksamkeit – Voraussetzung für echtes Zuhören – immer schwieriger.

Straßenlärm, permanente Musikberieselung beim Einkaufen oder der Lärmpegel auf dem Schulhof sind kaum zu beeinflussen. Dagegen können innerhalb der Familie, der Kindergruppe oder Schulklasse die jeweiligen akustischen Umweltbedingungen durchaus weitgehend selbst gewählt oder beeinflusst werden. Kinder nehmen sich die Sprech- und Hörgewohnheiten der Erwachsenen zum Vorbild. Wenn nicht automatisch den ganzen Tag nebenbei Musik, das Radio oder der Fernseher läuft, wenn das Miteinander-Sprechen nicht mit Schreien verwechselt wird, wollen auch Kinder gerne in Ruhe ihre Aufgaben erledigen oder sind bei der gemeinsamen Mahlzeit oder beim Spielen ganz Ohr.

Um dem täglichen „akustischen Müll" etwas entgegenzusetzen, sollte man für Kinder über das ohrenfreundliche Miteinander hinaus Gelegenheiten schaffen, das Zuhören und differenzierte akustische Wahrnehmen zu üben.

Die folgenden Spiele und Übungen zur Sinnesschulung machen im wahrsten Sinne des Wortes hellhörig. Spielerisch lernen die Kinder ihren Hörsinn für die kleinen und leisen Dinge in der nächsten Umgebung zu öffnen und ihr Wahrnehmungsfeld zu erweitern. Sie widmen sich dem Richtungshören, lernen feinste Geräusche zu differenzieren und zuzuordnen und unterscheiden angenehme und unangenehme Geräusche. Insofern findet mit Hilfe dieser Übungen auch eine Art akustische Geschmacksbildung statt.

Ein Buch hören

Material: Buch

Die Kinder sitzen mit geschlossenen Augen bequem im Stuhlkreis. Ein Kind hat die Augen geöffnet, es hält ein Buch in der Hand, in dem es Seite für Seite langsam umblättert.
Nach jedem Umblättern macht es eine kurze Pause. Damit die anderen Kinder das Umblättern der Buchseiten mitverfolgen können, müssen sie sehr leise sein. Zusätzlich besteht die Aufgabe auch darin, sich die Anzahl der umgeblätterten Buchseiten zu merken. Dadurch wird die akustische Aufmerksamkeit gefördert und das Gedächnis trainiert. Nach maximal 20 umgeblätterten Buchseiten öffnen die Kinder ihre Augen und teilen nacheinander ihre Ergebnis mit und vergleichen. Um die Aufgabe erfüllen zu können, müssen die Kinder im Zahlenraum von 1–20 zählen können.

 # Den Summton erkennen

Material: –

Die Kinder sitzen im Stuhlkreis. Ein Kind macht den anderen einen Summton vor. Während anschließend ein beliebiges Kind aus der Gruppe draußen wartet, überlegen sich fünf Kinder jeweils ein Geräusch (z. B. mit den Händen klatschen, mit den Füßen stampfen, mit den Fingern schnipsen etc.)
Das Kind vor der Türe wird wieder hereingebeten und mit geschlossenen Augen hört es die unterschiedlichen Geräusche. Zwischendurch ertönt auch der Summton, den das Kind heraushören und durch Handzeichen anzeigen soll. Der „Lauscher" kann versuchen, auch die anderen Geräusche zu identifizieren und zu benennen.

Zwerglein, Zwerglein find heraus ...

Material: großer Karton

Die Kinder sitzen im Kreis. Ein Kind wird ausgewählt. Dieses Kind krabbelt unter einen großen Karton, das sein Haus darstellt. Unter dem Karton hört es ein anderes Kind sagen: „ Zwerglein, Zwerglein finde heraus, wer mit dir spricht in diesem Haus!"
Glaubt das Kind die Stimme erkennen zu können, nennt es den Namen des Sprechers.

 ## Die Reise der Trommel

Material: eine Handtrommel

Alle Kinder gehen leise im Raum spazieren, eines klopft dabei mit den Fingern auf eine Handtrommel. Dabei kann es ganz unterschiedliche Rhythmen wählen, schnell, ruhig, lang-kurz-lang. die anderen Kinder können sich dem jeweiligen Rhythmus durch entsprechende Bewegungen anpassen: hüpfen, rennen, schwere, langsame Schritte.
Sobald das „Trommelkind" in einer Position stehen bleibt und immer leiser trommelt, müssen die übrigen Kinder parallel zum leiser werdenden Ton langsam in die Hocke gehen. Dazu müssen sie aufmerksam und konzentriert das Trommeln verfolgen. Mit dem letzten, kaum noch wahrzunehmenden Trommelschlag setzen sich die Kinder stillschweigend auf den Boden.

 ## Naturgeräusche wahrnehmen

Ort: draußen

Während eines Spaziergangs achten die Kinder bewusst auf die vielen Geräusche in der Natur. Damit sie aufmerksam lauschen

können, lassen sie sich an einer beliebigen Stelle nieder und schließen ihre Augen.

Die Kinder sind mucksmäuschenstill und nehmen intensiv die
Naturgeräusche wahr. Wer zwitschert denn da? Was summt denn
im Gras? Was ist das für ein Rascheln? Im Gespräch können die
Kinder von dem berichten, was sie erlauscht haben und gemeinsam
Vermutungen anstellen, was die Geräusche verursacht haben
könnte.

Das Wahrnehmen von Naturgeräuschen kann an anderer Stelle
wiederholt werden. Sind hier andere Geräusche zu hören? Welche?

 ## Das kleine Mäuschen

Material: –

Ein Kind setzt sich in die Kreismitte und spielt das ‚blinde‘ Kätzchen. Die Betreuerin blinzelt einem ‚Mäuschen‘ aus der Gruppe
zu, dass versuchen soll, unbemerkt von der Katze den Kreis zu verlassen. Das Kätzchen in der Kreismitte muss also aufmerksam und
konzentriert jedes Geräusch vom Mäuschen wahrzunehmen versuchen. Sobald es glaubt, das kleine Mäuschen hören zu können,
zeigt es in die Richtung, aus der es ein Geräusch hörte.

 ## Das Wortspiel

Material: –

Jeweils zwei Kinder stehen sich in geringem Abstand gegenüber
und schauen sich an.

Ein Kind beginnt und sagt in normaler Lautstärke ein Wort (z. B.
Tomate). Das andere Kind wiederholt das Wort. Hat es den Begriff
richtig wiedergegeben, darf es einen Schritt zurückgehen.

Das erste Kind nennt ein neues Wort, welches der „Empfänger"
wiederholt. Konnte auch dieses Wort verstanden werden, geht das
Kind einen weiteren Schritt zurück. Je größer der Abstand zwi-

schen Sender und Empfänger wird, desto aufmerksamer muss der Empfänger zuhören und desto exakter der Sender sprechen. Die Übung ist beendet, wenn das Kind am Ende des Raums angekommen ist. Konnte ein Wort nicht verstanden werden, muss der Empfänger wieder einen Schritt vorwärts gehen.

 ## Papier oder Plastik

Material: zwei leere Eimer, Zeitungs- und Schreibmaschinenpapier,
sowie leere Plastikfolien, Tüten u. Ä.

Jeweils zwei Kinder finden sich zusammen. Zwischen ihnen stehen zwei leere Eimer. Die Aufgabe besteht darin, in einem Eimer ‚blind' Papier und in dem anderen Plastik zu sammeln. Materialien kann man nicht nur anschauen oder befühlen, sie machen auch sehr unterschiedliche Geräusche. Das Kind muss zunächst die Materialien anschauen und nacheinander zerknüllen, bzw. zerdrücken. Sobald das Kind die Geräusche differenzieren kann, schließt es die Augen. Nun setzt das zweite Kind die Geräusche beliebig ein. Aufmerksam und konzentriert nimmt das lauschende Kind jedes Geräusch wahr.

Indem es mit den Fingern auf den passenden Behälter deutet, ordnet es das jeweilige Material einem Eimer zu. Das Partnerkind sortiert nach Anweisung. Ist das Material verteilt, öffnet das Kind seine Augen und überprüft den Inhalt.

 ## Geräusche um mich herum

Ort: Wohngebiet der Kinder

In einem Wohngebiet gehen die Kinder auf Hör-Streifzug. Ab und an bleibt die Gruppe stehen und alle schließen die Augen, um noch intensiver zu lauschen.
Die Kinder versuchen sämtliche Geräusche wahrzunehmen und dabei auch auf ihre Empfindungen zu achten. Gemeinsam überle-

gen sie, welche Geräusche besonders angenehm oder unangenehm sind, welche Geräusche täglich zu hören sind, welche seltener.

 ## Klingende Gläser

Material: Gläser und Gabeln

Die Kinder sitzen beliebig im Raum verteilt. Während ein Kind die Augen schließt, bekommen die übrigen Kinder jeweils ein leeres Glas und eine Gabel gereicht. Die Kinder bringen nacheinander die Gläser mit einer Gabel zum Klingen. Irgendwann schlägt ein Kind, das per Zeichensprache bestimmt wird, zweimal sein Glas an. Damit der „Lauschende" die beiden kurz aufeinanderfolgenden Töne erkennen kann, muss er sehr konzentriert und aufmerksam sein. Sobald das Kind die Töne wahrnehmen kann, hebt es die Hand.

 ## Mein armes, kleines Hündchen

Material: –

Die Kinder sitzen mit geschlossenen Augen im Stuhlkreis. Ein Kind wird von der Erzieherin durch Berührung zum Hündchen bestimmt, das sich in die Mitte begibt. Es krabbelt im Kreis herum und sucht sich ein Kind aus, von dem es gerne gestreichelt werden möchte. Sobald es ein Kind ausgewählt hat, bellt es das Kind jämmerlich an. Das streichelt das Hündchen und versucht anhand des Bellens das Kind zu identifizieren.

Das Weckspiel

Material: eine Triangel

Bis auf ein Kind legen sich alle Mitspieler bequem auf eine Decke oder Isomatte und schließen die Augen. Erst wenn es ganz ruhig ist, geht das Kind langsam auf einen „Schläfer" zu, streichelt ihm behutsam über den Kopf und flüstert leise seinen Vornamen. Hört der „Schläfer" seinen Namen, dann muss er reagieren und sich ganz leise auf seine Decke oder Isomatte setzen.

Sobald alle Kinder sitzen, beginnt das Spiel in umgekehrter Weise erneut. Nun legt sich das Kind, welches seinen Vornamen hört, ganz langsam hin. Anschließend weckt der Namensflüsterer die Gruppe mit einer Triangel.

 # Tischgeräusche wahrnehmen

Material: –

Alle Kinder sitzen mit geschlossenen Augen um einen Tisch herum. Nur ein Kind darf seine Augen offenhalten und den anderen Kindern Geräusche vormachen (z.B. mit den Fingern auf die Tischplatte klopfen, reiben, kratzen etc.) Die Kinder hören aufmerksam und konzentriert zu. Nach einer zuvor festgelegten Anzahl von Geräuschen öffnen die Kinder die Augen und zählen in der richtigen Reihenfolge auf, was sie gehört haben oder versuchen die Geräuschekette selbst in der richtigen Reihenfolge nachzuspielen. Das trainiert das Gedächtnis und schult die Fingermotorik.

Steine im Bach

Material: großer Stein, kleine Steinchen, Körbchen

An einem Bach sammeln die Kinder kleine Steine und einen großen und schweren Stein. Ein Kind macht mit den anderen nun einen kleinen Hörtest: Während die anderen Kinder ihre Augen geschlossen halten, wirft es nacheinander die Steinchen ins Wasser. Die anderen Kinder müssen gut hinhören, wann der große Stein ins Wasser plumpst. Können sie den Unterschied zwischen dem Aufprall der kleinen, leichten Steine und dem großen, schweren Stein hören?

 ## Der Klangspaziergang

Material: Gabeln

Bei dieser Übung sollen Gegenständen, die klingen, herausgefunden und bewusst wahrgenommen werden.

Die gehen Kinder langsam durch den Raum und versuchen mit einer Gabel vorsichtig verschiedene Gegenstände, wie zum Beispiel ein Buch, eine Flasche, ein Glas etc. anzuschlagen. Dabei achten die Kinder darauf, welche Gegenstände klingen, also z.B. Gläser, Flaschen, Vasen etc. In einem anschließenden Gespräch versuchen die Kinder zur ergründen, warum manches deutlich und hell klingt, anderes eher dumpf oder gar nicht. Auf diese Weise lernen die Kinder Eigenschaften der Gegenständen, wie hohl, hölzern, hart, weich etc. kennen.

Dieser Klangspaziergang kann auch als Tastspaziergang durchgeführt werden. Die Erzieherin kann mit den Kindern über blinde Menschen sprechen, die sich vor allem durch ihren Hör- und Tastsinn orientieren.

Das Stehaufmännchen

Material: Handtrommel

Bis auf ein Kind liegt jedes bequem auf einer Isomatte oder Decke. Das stehende Kind klopft ganz behutsam auf eine Handtrommel. Die Erzieherin macht den Kindern Bewegungen zur Musik vor. Passend zur Musik gehen die Kinder langsam über die Seitenlage in die Hocke. Jetzt wird etwas lauter auf der Handtrommel geklopft. Parallel dazu stehen die Kinder auf. Dabei müssen sie aufmerksam dem Klang der Trommel folgen und von einer Bewegung in die andere umschalten können. Nun ertönt ein lautes Trommeln, so dass alle Kinder sich recken und strecken. Indem sich alle Kinder ganz groß machen und sich auf die Zehenspitzen stellen, wird der Gleichgewichtssinn stimuliert.

Anschließend klopft das Kind wieder etwas leiser auf die Trommel. Nun beginnt das Spiel in umgekehrter Reihenfolge erneut. Erst wenn alle Kinder wieder auf ihrer Decke oder Isomatte liegen, übernimmt ein anderes Kind die Trommel.

 ## Das Geräuschpaar herausfinden

Material: Gegenstände aus unterschiedlichen Materialien
            (z.B. Holz-Kochlöffel, ein Glas, eine Dose, ein Stück Papier etc.)

Ein Kind aus der Gruppe schlägt zwei Gabeln gegeneinander. Diesen Klang müssen sich alle Mitspieler gut merken. Während die Kinder die Augen geschlossen halten, schlägt das Kind weitere Gegenstände mit einer Gabel an. Dabei lauschen die Kinder sehr aufmerksam den einzelnen Klängen. Irgendwann schlägt das Kind auch wieder auf die zweite Gabel. Sobald die Kinder den Klang der beiden Gabeln hören können, müssen sie reagieren und die Hand heben.

Der freie Fall

Material: Diverses

Den Kindern werden unterschiedliche Materialien, wie ein Stück Holz, ein kleiner Stein, ein Stück Papier, ein Karton, eine Dose etc. gezeigt. Danach stellt sich ein Kind auf einen Stuhl und lässt die Materialien senkrecht fallen. Die Kinder müssen die Gegenstände den unterschiedlichen Geräuschen, die beim Aufprall auf dem Boden entstehen, zuordnen können und sich gut merken.
Nun beginnt die Übung. Bis auf ein Kind schließen alle übrigen Kinder die Augen. Danach lässt das Kind zwei bis drei Gegenstände hintereinander senkrecht fallen. Anschließend räumt das Kind die Gegenstände weg. Nun öffnen die Kinder die Augen und versuchen, die wahrgenommenen Gegenstände richtig zu benennen. Dabei versuchen sie die entstandenen Geräusche auch mit treffenden Wörtern, wie zum Beispiel klingt hölzern, blechern, hart, weich etc. zu beschreiben.

 # Stecknadeln fallen hören

Material: Stecknadeln, Tischplatte

Die Kinder sitzen im Stuhlkreis. Bis auf ein Kind haben alle anderen Kinder die Augen geschlossen. Erst wenn es im Raum ganz still ist, lässt das Kind eine Stecknadel mehrmals hintereinander auf eine Tischplatte fallen.
Damit die Kinder hören können, wie oft die Stecknadel fiel, muss die ganze Gruppe besonders aufmerksam und konzentriert sein. Anschließend öffnen die Kinder die Augen und sagen, wie oft sie die Stecknadel fallen hörten.

Gefühlsäußerungen wahrnehmen

Material: –

Die Kinder sitzen bequem im Stuhlkreis. Ein Kind verlässt den Raum und wartet vor der Tür. Danach überlegen sich vier bis sechs Kinder Gefühlsäußerungen (z.B. weinen, lachen, jubeln, etc.). Anschließend bittet die Gruppe das Kind wieder herein. Während das Kind die Augen geschlossen hält, stellen die Kinder nacheinander akustisch jeweils eine Gefühlsäußerung vor. Das Kind muss aufmerksam zuhören und sich überlegen, welche Gefühle die Personen zum Ausdruck bringen wollen. Danach öffnet das Kind seine Augen und versucht nun die Gefühlsäußerungen zu benennen und pantomimisch darzustellen. Dabei lernt es sprachliche Ausdrucksfähigkeit mit der Körpersprache zu verbinden. Wie klingt die Stimme, wenn ich traurig, fröhlich, glücklich oder müde bin? Welche Körperhaltung nehme ich ein? Solche Überlegungen können in einem anschließenden Gespräch in der Gruppe thematisiert werden.

 Angenehme und unangenehme Geräusche

Material: Diverses, z.B. ein Wecker, ruhige Musik, Mixer,
Wassergeplätscher, Klingel etc.

Die Kinder gehen paarweise zusammen. Das erste Kind schließt die Augen und wird vom zweiten Kind zu unterschiedlichen Geräuschquellen geführt. Das erste Kind versucht aufmerksam und konzentriert die verschiedenen Geräusche, wie beispielsweise das Ticken des Weckers, das Knacksen der Heizung, die leise Musik aus dem Radio etc. wahrzunehmen. Nach einer vereinbarten Zeit findet ein Rollenwechsel statt. Anschließend berichten die Kinder nacheinander über die mit den Geräuschen verbundenen Gefühle. Dabei unterscheiden die Kinder angenehme und unangenehme Geräusche voneinander und erahnen die Auswirkung von verschiedenen Geräuschen auf das menschliche Befinden.

Radio hören

Material: Radio

Bis auf ein Kind schließen alle anderen die Augen. Nun schaltet das Kind ein Radio an und dreht es langsam lauter. Damit die Kinder die veränderte Lautstärke wahrnehmen können, müssen sie leise und aufmerksam sein. Nachdem die Zimmerlautstärke erreicht wurde und der Lautstärkepegel für eine kurze Zeit konstant blieb, dreht das Kind das Radio langsam wieder leiser. Sobald die Kinder glauben, dass sich die Lautstärke wieder verändert hat, müssen sie schnell reagieren und die Hand heben. Dies erfordert konzentriertes Zuhören und eine ungeteilte Aufmerksamkeit.

 ## Erbsenrascheln

Material: vierzig leere Streichholzschachteln, Erbsen

In zwölf der vierzig Schachteln sind je drei Erbsen versteckt. Alle Schachteln werden gut gemischt auf einem Tisch ausgebreitet. Die Spieler setzen sich um den Tisch herum. Sind alle mucksmäuschenstill, beginnt ein Kind damit, eine der Schachteln zu schütteln. Wer glaubt, ein Geräusch in der Streichholzschachtel hören zu können, hebt blitzschnell die Hand. Zur Belohnung bekommt er die Streichholzschachtel. Wer kann am meisten gefüllte Streichholzschachteln sammeln?

 ## Geräuschtelegramm

Material: –

Alle Spieler sitzen hintereinander in einer Reihe. Der letzte Spieler der Reihe macht ein leises Geräusch, wie beispielsweise mit den Fingern schnipsen, die Hände reiben etc. direkt am Ohr des Vordermanns. Der Vordermann gibt das Telegramm wiederum weiter, es wird so lange weitergeschickt, bis es den ersten in der Reihe erreicht. Der macht das Geräusch laut vor. Gibt er es richtig wieder, nimmt dieser Spieler den letzten Platz ein und schickt ein neues Telegramm ab. Alle Spieler wandern einen Platz vor.

 ## Wer wird Geräuschekönig?

Material: Verschiedenes, z. B. Zeitung, Dosen, Kochtopf

Die Kinder sitzen nebeneinander in einer Reihe. Nur ein Kind setzt sich hinter die Reihe, so dass die anderen es nicht sehen können. Alle Spieler haben die gleichen Materialien vor sich liegen.
Die Kinder in der Reihe erhalten Zahlen, jedes muss sich seine Zahl gut merken. (Bei jüngeren Kindern können auch Tiernamen o. Ä. verwendet werden.) Nun beginnt der Spieler, der hinter den anderen sitzt, indem er mit einem Gegenstand ein Geräusch erzeugt, z. B. Zeitung einreißen. Sofort im Anschluss ruft er eine Zahl; das Kind, zu dem diese Zahl gehört, muss das Geräusch mit dem entsprechenden Material nachmachen. Konnte der Spieler das Geräusch nicht richtig wiedergeben, scheidet er für diese Spielrunde aus. Geräuschekönig, bzw. Geräuschekönigin wird, wer zuletzt noch in der Reihe sitzt.
In einer weiteren Runde können auch Körpergeräusche (klatschen, mit den Fingern schnipsen, mit den Füßen stampfen etc.) eingesetzt werden.

 ## Geräuscheschlange

Material: –

Alle Spieler sitzen im Kreis auf dem Boden. Ein Spieler beginnt und macht ein Geräusch, wie beispielsweise auf den Boden klopfen. Der nächste Spieler wiederholt das Geräusch und fügt ein weiteres Geräusch, wie beispielsweise mit den Fingern schnipsen hinzu. Vom dritten Spieler werden dann beide Geräusche nachgemacht und ein weiteres Geräusch hinzugefügt usw. Um so mehr Geräusche hinzukommen, desto mehr müssen sich die Kinder konzentrieren können. Sobald ein Spieler einen Fehler macht, scheidet er aus. Danach beginnt das Spiel erneut.

Dieses Spiel erfordert sehr viel Konzentration und Ausdauer. Spielen jüngere Kinder mit, muss die Spielregel möglicherweise etwas verändert werden. So kann die Gruppe, bevor ein neues Geräusch hinzugefügt wird, die Geräusche gemeinsam nachmachen.

 ## Den Namen flüstern

Material: –

Die Kinder stehen im Kreis. Nur eines sitzt in der Mitte auf dem Boden und flüstert den Namen eines Mitspielers. Damit alle Kinder den Namen hören können, müssen sie mucksmäuschenstill und aufmerksam sein. Wer seinen Namen hört, geht schweigend einmal im Kreis herum. Schafft es das Kind, dabei möglichst geräuschlos zu sein, setzt es sich, wieder an seinem Platz angekommen, auf den Boden. Ein weiteres Kind wird durch Namen-Flüstern auf die Reise geschickt.

Die Übung ist erst dann beendet, wenn alle Kinder auf dem Boden sitzen. Indem die Kinder geduldig im Kreis warten, bis sie ihren Namen hören können, werden Konzentration und Ausdauer geschult. Außerdem gewöhnen sich die Kinder auf spielerische Weise an Stille – eine gute Vorübung für Meditationen, Fantasiereisen und Stilleübungen.

 ## Wo ist das Echokind?

Material: –

Dieses Spiel sollte in einem Raum stattfinden, in dem möglichst wenig Gefahr besteht über etwas zu stolpern oder sich anzustoßen.

Während zwei Kinder „Rufer und Echo" spielen, muss ein weiteres versuchen, dem Echo ‚blind' auf die Spur zu kommen. Rufer und Echo stehen in einiger Entfernung zueinander. Das ‚blinde' Kind wird in den Raum hineingeführt und muss nun genau zuhören. Der Rufer ruft „Hallo", das Echo antwortet „Haaalllooo" und das Kind muss versuchen, sich in Richtung des Echos zu bewegen. Hat es das Echo erreicht, darf es sich aussuchen, welche Rolle es selbst als nächstes spielen möchte.

 ## Klanggasse

Material: Orff-Instrumente

Bis auf zwei Kinder stellt sich die Gruppe in zwei Reihen, mit den Gesichtern einander zugewandt, auf.
Ein Kind geht vor die Türe und das Helferkind teilt jedem ein Orff-Instrument zu. Nur zwei der Kinder, die sich direkt gegenüberstehen, erhalten die gleichen Instrumente.
Das Kind vor der Türe wird wieder hereingebeten. Mit geschlossenen Augen wird es vom Helferkind in die Klanggasse geführt. Es durchschreitet die Gasse ganz langsam, die Kinder an denen es vorbeikommt, spielen ihr Instrument. Aufgabe des „Gassenkindes" ist es nun herauszuhören, an welcher Stelle die Kinder mit gleichen Instrumenten stehen.

 ## Musikanten treffen sich

Material: zwei Orff-Instrumente

In einem Raum ohne Verletzungsgefahr stehen zwei Kinder möglichst weit voneinander entfernt. Jedes hat ein Musikinstrument in der Hand, zum Beispiel eine Handtrommel oder einen Schellenkranz. Die beiden Kinder schließen ihre Augen.
Nun beginnt ein Kind und spielt kurz auf seinem Musikinstrument. Das zweite Kind, hört aufmerksam zu und macht einen Schritt in

Richtung des Klangs. Anschließend spielt es selbst sein Instrument und das andere Kind bewegt sich auf den Klang zu. Die Kinder wechseln sich immer ab, bis sie zueinander gefunden haben und sich zur Begrüßung umarmen können.

 ## Bello, fass den Ball!

Material: Klangkugel

Die Übung ist mit dem bekannten Spiel „Topfschlagen" vergleichbar. Bellos Aufgabe besteht darin, mit geschlossenen Augen die Klangkugel zu finden. Ein anderes Kind lässt die Klangkugel ertönen. Damit Bello sie hören kann, muss es im Raum mucksmäuschenstill sein. Findet Bello die Kugel?
Die Aufgabe wird erleichtert, wenn Bello sich nicht nur auf sein gutes Gehör verlassen muss, sondern auch seinen Tastsinn zur Hilfe nimmt.

Spiele, die Augen öffnen

Sehen steht als Begriff für vielerlei Tätigkeiten und Fähigkeiten, die wir mit Hilfe unserer Augen vollbringen können: beobachten, zuordnen, einteilen, unterscheiden, hinschauen, mustern, entdecken, besichtigen, spähen, durchschauen ...

Mit den Augen identifizieren wir Dinge, Personen und unsere Umgebung aus verschiedenen Blickwinkeln und Entfernungen. Wir unterscheiden Farben, Größen, Formen, Eigenschaften und Bewegungen. Besonders stark beeinflusst wird das Sehen allerdings durch unsere subjektive Haltung. Unsere Einstellungen, Erwartungen, Erfahrungen, Emotionen und Motivationen haben entscheidenden Anteil daran, was wir wirklich sehen.

„Wenn wir sehen, wählen wir aus. Wir sehen, was wir wollen und was wir brauchen. Das ist für unser Wohlbefinden und für das

Überleben unbedingt nötig. Aus der ungeheuren Flut von Reizen, die uns umgibt, suchen wir über unser Auge aus, von unserem Standort, unserem Gesichtspunkt her. Oft nehmen wir deshalb nur wahr, was im Augenblick nützlich ist: Da kommt ein Randstein, ein Auto, Rotlicht etc." (Rudolf Seitz, Sehspiele, 1998)

Über das Notwendige hinaus wahrzunehmen, bedarf schon zusätzlicher Anstrengung. Sehen will gelernt sein. Kinder brauchen eine anregungsreiche Umgebung, die ihre Sinne herausfordert, ihre Augen öffnet, sie neugierig macht und schließlich auch zu vertieftem Sehen, zu Erkenntnisgewinn und Urteilskraft führt. „Je anregender für die Sinne die Umgebung des Kleinkindes ist, desto stärker wird seine Reaktion herausgefordert. Es wird neugierig. Es möchte alles begreifen, erfahren, kennenlernen. Es ist eine große Verantwortung für die erziehende Umgebung, dem Kind Sinneserfahrung zu ermöglichen." (Ebd.)

Damit Kinder ihre Umwelt intensiver wahrnehmen können, wird bei den folgenden Spielen und Übungen das Augenmerk vor allem auf die Dinge des Alltags gerichtet. Die Kinder lernen die einzelnen Gegenstände differenzierter zu betrachten, besser zu unterscheiden und zu verstehen. Außerdem können die Spiele dazu beitragen, dass auch die Wahrnehmung von Personen intensiver geschieht und die Kinder einfühlsamer im Umgang mit anderen werden.

Jeder Mensch ist einzigartig

Material: –

Gemeinsam wird überlegt, wie sich Menschen voneinander unterscheiden können. Dazu bietet sich folgende Übung an:

Bis auf ein Kind sitzen alle anderen Kinder im Stuhlkreis. Die Spielleiterin bittet vier Gruppenmitglieder, die sich beispielsweise in der Haar- oder Augenfarbe unterscheiden, hervorzutreten. Ein Mitspieler schaut sich die Kinder besonders aufmerksam an und versucht sich die jeweilige Haar- oder Augenfarbe der Kinder gut zu merken. Danach stellen sich die vier Kinder so auf, dass sie von diesem einen Spieler nicht gesehen werden können. Der Mitspieler bekommt von den anderen Gruppenmitgliedern Aufgaben, wie beispielsweise das Kind mit den dunkelsten Haaren oder Augen zu benennen.

 ## Meine Blume

Ort: Blumenwiese

Bei einem Spaziergang sucht sich jedes Kind eine Lieblingsblume aus. Jedes betrachtet seine Blume intensiv und berührt sie vorsichtig, um sich möglichst viele Details zu merken. Anschließend gehen die Kinder paarweise zusammen. Der erste Partner schließt die Augen und stellt sich seine Blume vor, während das andere Kind Fragen stellt:
„Welche Farbe hat die Blüte?"
Wie sehen die Blätter aus?
„Wie fühlt sich der Stengel, die Blätter und die Blüte an?"
„Duftet die Blume?"
Kann das Kind seine Blume so gut beschreiben, dass der Partner sie anschließend finden kann? Indem die Kinder Fragen stellen und möglichst genau beschreiben müssen, aktivieren sie ihren Wortschatz.
Die Erzieherin oder Begleitperson sollte ein Pflanzenbestimmungsbuch im Gepäck haben oder sich vor dem Spaziergang informieren, welche Blumen auf der Wiese wachsen und sie mit Namen kennen. Wenn sich die Kinder so intensiv mit den Blumen beschäftigen, werden sie auch ihre Namen hören wollen.

 ## Gegensätze darstellen

Material: –

Bei der Übung „Gegensätze darstellen" lernen die Kinder gegensätzliche Eigenschaften oder Handlungen kennen. Dazu werden

Paare gebildet. Ein Kind denkt sich eine bestimmte Handlung oder Eigenschaft aus, wie beispielsweise „Lachen" und stellt diese pantomimisch vor. Das Partnerkind beobachtet aufmerksam die Handlung und versucht diese zu erkennen. Sobald es glaubt, zu wissen was es ist, stellt es den Gegensatz dar, zum Beispiel „Weinen". Den Kontrast stellt es dem Partner pantomimisch vor.

In weiteren Runden können u.a folgende Gegensätze dargestellt werden: schlafen – aufstehen, reden – schweigen, groß – klein, dick – dünn etc.

 ## Kommissar „Wachauge"

Material: sechs verschiedene Kleidungs- und Schmuckstücke (z.B. Schal, Mütze, Ring, Kette, Haarspange, Armreifen)

In der Stuhlkreismitte befinden sich sechs verschiedene Kleidungs- und Schmuckstücke. Ein Kind spielt Kommissar „Wachauge" und schaut sich die Dinge aufmerksam an.

Danach verlässt Kommissar Wachauge den Raum und wartet vor der Türe. Nun wird ein Kind aus der Gruppe zum Dieb bestimmt. Der Dieb nimmt sich irgendein Kleidungs- oder Schmuckstück und zieht sich dieses an. Während der Dieb sich wieder auf seinen Platz setzt, rufen alle laut um Hilfe. Daraufhin betrit Kommissar Wachauge schnellstens den Raum und versucht das fehlende Diebesgut ausfindig zu machen.

 ## Das Würfelreaktionsspiel

Material: ein Becher und drei Würfel

Alle Kinder sitzen um einen Tisch herum. Das jüngste Kind fängt an: Es schüttelt die drei Würfel in dem Becher kräftig, stellt den Becher mit der Öffnung nach unten auf den Tisch und dreht behutsam den Becher um, so dass die drei Würfel zu sehen sind. Sobald eine gewürfelte Sechs zu erkennen ist, müssen die Kinder blitzschnell reagieren und sich von ihrem Stuhl erheben. Das Kind, welches zuletzt aufgestanden ist, beginnt eine neue Würfelrunde.

 ## Entdeckungsreise auf der Blumenwiese

Ort / Material: Blumenwiese, Asphalt, Kreide

Die Kinder unternehmen gemeinsam einen Spaziergang auf einer Blumenwiese. Sie schauen sich die verschiedenen Blumen, die Insekten und Vögel an und prägen sich einige Details ein. Zurückgekehrt bekommen die Kinder Gelegenheit, eine eigene Blumenwiese auf Asphalt zu zaubern. Mit Straßenmalkreide verwandeln sie das Grau des Kindergartenhofes, des Vorplatzes, der verkehrsberuhigten Straße o. Ä. in eine bunte Blumenwiese.

 ## Kunterbunter Schnursalat

Material: acht lange Schnüre, zwei davon in gleicher Farbe

Die Schnüre werden kunterbunt neben- und übereinander auf einen Tisch gelegt. Nachdem der Schnursalat fertig angericht ist, versuchen die Kinder, die zwei Schnüre mit der gleichen Farbe zu entdecken und sie aus dem Schnüresalat herauszufischen.

 ## Die Farben des Regenbogens

Material: Wachsmalstifte, große Papierbögen

Kinder faszinieren die Farben des Regenbogens. Besonders diejenigen, die zum ersten Mal einen Regenbogen entdecken, sind von dieser farbigen Lichterscheinung begeistert. Hin und wieder lässt sich die Natur ein ganz besonderes Schauspiel einfallen: Zu dem Hauptregenbogen in den Farben Rot, Orange, Gelb, Grün, Blau

und Violett entsteht ein sogenannter Nebenregenbogen in umgekehrter Farbreihenfolge. Um die Anordnung der Farben des Haupt-
und Nebenregenbogens besser kennenzulernen eignet sich folgende Übung:

Im Stuhlkreis spricht die Gruppe über die Anordnung der Farben
des Haupt- und Nebenregenbogens. Danach werden zwei große
Papierbögen in die Stuhlkreismitte gelegt. Die Kinder holen sich
Wachsmalstifte und malen gemeinsam einen Haupt- und Nebenregenbogen mit Unterstützung der Erzieherin. Auf diese Weise lernen sie die Anordnung der Farben des Haupt- und Nebenregenbogens bewusst wahrzunehmen.

Danach setzen sich die Kinder wieder in den Stuhlkreis. Bis auf ein
Kind erhalten alle jeweils einen Wachsmalstift in einer beliebigen
Farbe. Das Kind schaut sich intensiv die Anordnung der Farben
eines Regenbogens an, anschließend werden die Gemeinschaftsbil-
der bei Seite geräumt. Jetzt sucht das Kind konzentriert im
Kreis nach denen, die im Besitz der entsprechenden Wachsmalstifte sind. Nacheinander bittet das Kind die Einzelnen mit ihrem
Wachsmalstift hervorzutreten und auf einem neuen Papierbogen
einen gemeinsamen Haupt- oder Nebenregenbogen zu malen.
Anschließend holt das Kind zum Vergleich das erste Regenbogen-
bild wieder hervor und schaut nach, ob die Anordnung der Farben
auf den Bildern übereinstimmt.

 ## Naturbild legen

Material: verschiedene Naturmaterialien

Die Kinder sammeln verschiedene Naturmaterialien, aus denen ein
gemeinsames Naturbild entstehen kann. Die Materialien liegen
bereit, das erste Kind sucht sich etwas aus dem Angebot heraus und
legt es ab. Die nachfolgenden Kinder fügen Materialien hinzu. Es
kann ein Mandala entstehen aber auch ein gegenständliches Bild.
Das Bild kann anschließend auch Mittelpunkt einer kleinen Medi-
tation werden. Die Kinder betrachten es still, dann schließen sie die

Augen und lassen das Bild in sich nach-wirken. Nach einer Weile öffnen die Kinder ihre Augen und es kann sich ein Gespräch anschließen über das Bild. Was gefällt besonders gut. Möchte jemand etwas verändern oder ergänzen?

 Einzelheiten merken

Material: Wandbild oder Poster

Die Kinder betrachten aufmerksam ein schönes Bild oder Poster. Dabei achten sie auf möglichst viele Details. Nachdem das Bild zur Seite gelegt wurde, beschreiben sie möglichst viele Einzelheiten. Zur Kontrolle holen die Kinder das Bild wieder hervor und vergleichen ihre Aussagen. In einem Gespräch tauschen die Kinder auch ihren entstandenen Eindruck über das Bild aus. Unbewusst lernen die Kinder, wie unterschiedlich die visuelle Wahrnehmung sein kann.

 Ein Bild ergänzen

Material: Bild, Stifte

Die Kinder bekommen Kalenderbilder auf denen Landschaften zu sehen sind. Die Aufgabe besteht darin, die Bilder mit den zur Verfügung stehenden Stiften zu ergänzen. Dazu überlegen sich die Kinder verschiedene Dinge, wie beispielsweise Menschen, Blumen, Häuser, Vögel, Schmetterlinge etc., die zu dem Bild passen. Beim Malen muss das Kind darauf achten, dass das Bild nicht zerstört, sondern nur ergänzt und bereichert wird.
Anschließend finden sich die Kinder paarweise zusammen. Der eine Partner schaut sich aufmerksam und konzentriert das entstandene Werk des anderen an. Nachdem das Bild verdeckt wurde, zählt er die hinzugefügten Dinge auf. Zur Kontrolle zeigt der Maler sein Bild nochmal. Konnten alle hinzugefügten Dinge erkannt und benannt werden? Was muss berichtigt oder ergänzt werden?

In der Gruppe können die Kinder auch die folgenden Fragen thematisieren:

„Warum hast du diese Dinge auf dem Bild hinzugefügt?"

„Welche hinzugefügten Dinge sind dir besonders wichtig?"

„Gefällt dir das ergänzte Bild jetzt besser?"

 ## Das geheimnisvolle Bild

Material: weißes Malpapier, etwas flüssiger Klebstoff, Sand

Paarweise finden sich die Kinder zusammen und setzen sich an einen Tisch, auf dem die o.g. Materialien bereitstehen.
Nun überlegt sich ein Kind verschiedene geometrische Formen, die es zeichnen möchte. Mit dem flüssigen Klebstoff malt es z.B. ein Dreieck, ein Quadrat, ein Rechteck oder einen Kreis auf das Papier. Das zweite Kind verfolgt sehr aufmerksam und konzentriert die kaum sichtbaren Klebstoffspuren auf dem Papier. Während das erste Kind zeichnet, versucht das zweite Kind, die Formen zu erkennen und zu benennen. Zur Kontrolle streut der Maler etwas trockenen Sand über das Malpapier, so dass die Formen sichtbar werden.
Anschließend findet ein Rollenwechsel statt. An Stelle einzelner Formen können auch Landschaften mit Blumen, Vögeln und Bäumen entstehen.

 ## Das Spielzeug wiedererkennen

Material: verschiedene Spielsachen

Bis auf einen Mitspieler holen sich alle Kinder ein Spielzeug und setzen sich in den Stuhlkreis. Der Mitspieler schaut sich um und sucht sich in Gedanken ein Spielzeug aus. Er beschreibt das Spielzeug, welches er gerne hätte, genau. Die übrigen Kinder hören aufmerksam zu und schauen nach, ob es sich um ihr Spielzeug handeln könnte. Sobald ein Kind glaubt, dass sein Spielzeug gemeint ist, hebt es die Hand.

Grundflächen zuordnen

Material: Endlospapier, Bleistifte, sechs Gegenstände, die eine kreisförmige
Grundfläche haben, wie z.B. eine Tasse, ein Glas, ein Dessertteller,
ein Suppenteller, eine Schüssel und ein Eimer

Jeweils zwei Kinder holen sich sechs Gegenstände, die eine kreisförmige Grundfläche haben. Die Kinder legen die Gegenstände auf das Endlospapier und umfahren jeden Gegenstand mit einem Bleistift, so dass die Grundflächen der verschiedenen Gegenstände auf der Papierrolle sichtbar werden.
Sämtliche Gegenstände werden zur Seite gelegt und eines der Partnerkinder zeigt auf eine gezeichnete Grundfläche. Die Aufgabe des zweiten Kindes besteht nun darin, den Gegenstand mit der passenden Grundfläche zu finden. Dazu schaut es sich jeden einzelnen Gegenstand aufmerksam an. Um den Gegenstand mit der entsprechenden Grundfläche zu erkennen, muss das Kind schon ein gutes Augenmaß haben. Glaubt es den gesuchten Gegenstand gefunden zu haben, legt es diesen zur Kontrolle auf die gezeichnete Grundfläche. Danach wechseln die Kinder die Rollen.

 ## Spuren im Sand

Material: Sand, verschiedene Naturmaterialien (z.B. Stein, Zweig,
Tannenzapfen, Kastanie)

In der Natur können die Kinder Abdrücke im feuchten Sand oder im frischen Schnee herstellen.
Jeweils zwei Kinder spielen miteinander. Während das erste Kind seine Augen geschlossen hält, streicht der Partner den Sand glatt, wählt eines der Naturmaterialien aus und macht davon einen Abdruck im Sand. Dann legt er das Material wieder zurück und bittet seinen Partner, die Augen zu öffnen und herauszufinden, mit welchem Gegenstand der Abdruck entstanden ist. Dazu müssen die Formen des Abdrucks und die Gegenstände genau miteinander

verglichen und die Oberflächenstruktur berücksichtigt werden. Ist das Rätsel gelöst, tauschen die Kinder ihre Rollen.

Seifenblasen beobachten

Material: gekauftes oder selbst hergestelltes Seifenblasenspiel

Seifenblasen herstellen und beobachten macht Kindern große Freude. Nachdem alle Kinder ausgiebig Seifenblasen pusten konnten, finden sich je zwei Kinder zusammen. Ein Partnerkind beginnt kräftig Seifenblasen zu pusten. Dabei beobachtet das andere Kind aufmerksam die in die Luft steigenden Seifenblasen. Kann es nur noch eine einzige Seifenblase erkennen, muss es blitzschnell reagieren und neue Seifenblasen herstellen. Nun beobachtet der Partner aufmerksam, wann nur noch eine Seifenblase zu sehen ist und stellt dann blitzschnell neue her.

Blickkontakt herstellen

Material: Spielzeugauto, Kissen

Die Kinder sitzen auf Kissen in einem Kreis. Ein Kind bekommt ein Spielzeugauto. Der Rest der Gruppe beobachtet das Kind aufmerksam, denn das Kind sucht sich jemanden aus, dem es zublinzelt. Hat der Auserwählte das Signal empfangen, schubst das Kind das Spielzeugauto kräftig an und lässt es zu ihm fahren. Auf diese Weise macht das Auto die Runde. Alle Kinder, die schon dran waren, legen ihre Hände hinterm Rücken zusammen zum Zeichen dafür, dass sie nicht mehr angeblinzelt werden dürfen.
Hat jeder das Auto einmal auf Reisen geschickt, können die Kinder versuchen, es in umgekehrter Reihenfolge zurückfahren zu lassen. Eine Herausforderung für das Gedächtnis!

Farben zuordnen

Material: ein Dutzend verschiedene, einfarbige Gegenstände,
wie beispielsweise ein Legostein, ein Ball, ein Buntstift etc.

Die Kinder sitzen im Stuhlkreis, in dessen Mitte sich die verschiedenen, einfarbigen Gegenstände finden. Ein Kind aus der Gruppe schaut sich aufmerksam die Gegenstände an. Danach legt es ein großes Tuch darüber. Ein Partnerkind schaut vorsichtig unter das Tuch und nennt einen Gegenstand. Das erste Kind überlegt und versucht sich an die richtige Farbe zu erinnern. War der Bleistift nun grün oder blau? Zur Kontrolle kann das Tuch jeweils kurz aufgedeckt werden.

 ## Das Farbreaktionsspiel

Material: –

Für das Farbreaktionsspiel müssen die Kinder Farben benennen und unterscheiden können. Zu Beginn betrachten alle, die mitmachen, die Farben ihrer Kleidungsstücke aufmerksam. Ein Kind steht in der Stuhlkreismitte und sagt eine beliebige Farbe laut an. Die Kinder müssen versuchen, diese Farbe an ihren Kleidungsstücken zu entdecken. Ist die Farbe in einem Kleidungsstück vorhanden, stehen diese Kinder blitzschnell auf. Jeder noch so winzige Farbfleck zählt!

 ## Etwas ausleihen

Material: Schmuck- und Kleidungsstücke der Kinder

Ein Mitspieler schaut sich aufmerksam alle anderen Kinder an. Danach wartet er vor der Tür, während die anderen Kinder jemanden aus ihrem Kreis auswählen, dem sie etwas ausleihen möchten.

Kleidung oder Schmuck wechseln für kurze Zeit den Träger. Der wartende Spieler wird wieder hereingebeten. Er schaut sich die Gruppe genau an und versucht das Kind mit den geliehenen Sachen zu identifizieren.

Um die Sachen anschließend den jeweiligen Besitzern wieder zuordnen zu können, braucht der Spieler ein gutes Beobachtungsvermögen.

 Luftbilder

Material: –

Die Kinder sitzen im Halbkreis. Ein Kind stellt sich vor die anderen und zeichnet eine geometrische Figur, wie z.B. einen Kreis, ein Quadrat, ein Dreieck etc. in die Luft. Die anderen Kindern beobachten die schwungvolle Armbewegung des Kindes und versuchen, die geometrische Figur zu erkennen. Das geht leichter, wenn die Kinder diese Bewegung nachvollziehen. Wer die Figur erkannt hat, ist als nächster mit dem Zeichnen an der Reihe.

Bei älteren und geübteren Kindern können Buchstaben, Wörter, Zahlen oder Rechenaufgaben in die Luft geschrieben werden.

 Wer ist das Kind auf dem Porträt?

Material: DIN A3 Blätter und Wachsmalstifte

Jeweils zwei Kinder malen gegenseitig von sich ein Porträt. Sie setzen sich einander gegenüber, betrachten sich genau und versuchen möglichst viele Details (z.B. Brille, Ohrringe, Augen- und Haarfarbe etc.) zeichnerisch wiederzugeben.

Anschließend finden sich alle Kinder in einem Halbkreis zusammen. Die fertiggestellten Porträts werden so auf die Erde gelegt, dass alle Kinder sie gut sehen können.

Die Erzieherin zeigt auf ein Porträt und bittet eines der Kinder, den Namen des auf dem Porträt Abgebildeten zu nennen.

Das Farbensuchspiel

Material: Malpapier, Buntstifte, Dinge, die sich im Raum befinden

Vor jedem Spieler liegen Malpapier und Buntstifte bereit. Sind alle Spieler ganz leise, beginnt das Spiel. Ein Spieler sagt eine bestimmte Farbe an. Aufmerksam schauen sich die Kinder im Raum um und malen, bzw. schreiben möglichst viele Dinge dieser Farbe auf. Nach einer vereinbarten Zeit, legen die Spieler die Buntstifte weg und stellen ihr Ergebnis der Gruppe vor. Jede Aussage vergleichen die Spieler mit der Farbe des genannten Gegenstands. Gewonnen hat der Spieler, der die meisten Gegenstände finden konnte.

 ## Schnappmemory

Material: Memorykärtchen

Die Spieler legen die Memorykärtchen verdeckt auf einen Tisch. Ein Spieler beginnt, indem er zwei Kärtchen aufdeckt. Die Kärtchen werden aber nicht, wie beim Memory sonst üblich, wieder verdeckt, sondern sichtbar liegengelassen. Die Spieler decken nacheinander so lange je zwei Kärtchen auf, bis zwei gleiche Motive zu sehen sind. Jetzt müssen alle Spieler blitzschnell reagieren und „Schnapp" rufen. Der Spieler, der am schnellsten reagieren konnte, bekommt die beiden Kärtchen. Gewonnen hat natürlich der, der die meisten Kärtchen schnappen konnte.

 ## Piepmatz

Material: gekauftes oder selbst hergestelltes Tiermemory

Für dieses Spiel braucht man ein Tiermemory, das auch Kärtchen mit verschiedenen Vogelbildern enthält. Sollte ein solches Tiermemory nicht vorhanden sein, können die Spieler es selber herstellen, indem sie auf Bierdeckel verschiedene Tierbilder kleben oder malen.

Alle Kärtchen liegen verdeckt auf einem Tisch. Der erste Spieler deckt ein Kärtchen auf. Erscheint ein Vogelmotiv, versucht jeder Spieler zuerst zu rufen „Piepmatz!" Wer am schnellsten war, erhält das Vogelkärtchen. Wenn sich auf dem Kärtchen kein Vogelbild befindet, bleibt es offen liegen.

Gewonnen hat der Spieler, der die meisten Vogelkärtchen erobern konnte.

 ## Finde den Spielstein

Material: Brettspiel (z.B. Mühle oder Dame)

Auf dem Tisch steht ein Brettspiel, auf dem zwölf Spielsteine liegen. Alle Spieler schauen sich aufmerksam die Position der einzelnen Spielsteine an. Bis auf einen Spieler schließen anschließend alle die Augen. Dieser Spieler entfernt einen Spielstein (oder fügt einen hinzu). Auf ein Zeichen öffnen die anderen ihre Augen wieder und versuchen, die Position des weggenommen oder hinzugefügten Spielsteins zu bestimmen.

 ## Farben finden sich

Material: verschiedene Farbkärtchen, Kassettenrekorder, Tanzmusik

Die Kinder bilden gleichgroße Gruppen. Jede Gruppe bekommt eine andere Farbe zugewiesen, gemäß ihrer Gruppenfarbe bekommt jedes Kind ein Farbkärtchen.

Sobald die Tanzmusik erklingt, bewegen sich alle Kinder frei im Raum. Immer wenn sich zwei Kinder begegnen tauschen sie ihre Kärtchen miteinander aus, so dass keiner mehr weiß, wer zu welcher Farbgruppe gehört. Irgendwann stoppt die Musik und die Kinder bleiben stehen. Nun schaut jedes Kind auf sein Kärtchen und hält es gut sichtbar in die Luft. Sobald die Kinder die Farben der Kärtchen erkennen, laufen sie blitzschnell zu den Kindern mit der gleichen Farbe und bilden einen Kreis. Sieger ist die Gruppe, die zuerst schweigend auf dem Boden sitzt.

 ## Schau genau hin

Material: Tamburin, Umhang

Ein Kind hat die Aufgabe alle anderen Kinder, die im Raum umherspazieren, aufmerksam zu beobachten.
Auf ein Zeichen hin bleibt die Gruppe stehen und das Beobachterkind verlässt kurz den Raum. Einem Kind im Raum wird nun ein Umhang umgelegt, so dass nur noch sein Kopf herausschaut.
Das Beobachterkind wird hereingebeten und seine Aufgabe besteht nun darin, möglichst genau die Kleidungsstücke, die sich unter dem Umhang verbergen, zu beschreiben.

 ## Bewegungsabläufe wiedererkennen

Material: –

Bis auf ein Kind, der „Spiegel", stehen alle in einer Reihe nebeneinander. Der Spiegel stellt sich vor die Gruppe. Jedes Kind in der Reihe denkt sich eine Bewegung aus, die es in Zeitlupe vormacht. Der Spiegel sucht sich einen Bewegungsablauf aus, den es exakt nachzumachen versucht. Die Kinder in der Reihe beobachten den Spiegel und wer glaubt seine eigene Bewegungen wiederzuerkennen, ruft laut: „Erkannt!".

Spiele für Spürnasen und Feinschmecker

„Den kann ich nicht riechen" – „Mir stinkt's" – eine Nase für etwas haben – hochnäsig sein, den richtigen Riecher haben – seine Nase hineinstecken. Unsere Sprache verrät, welch elementare Bedeutung der Geruchssinn für Menschen hat. Bereits Neugeborene verfügen über einen gut entwickelten Geruchssinn und können ihre Mutter am Geruch erkennen. Düfte können auch unsere Stimmung beeinflussen. Die wohltuende, entspannende Wirkung eines Duftbades kennt wohl jeder, die Aromatherapie nutzt sogar gezielt den Einsatz von Duftstoffen zu therapeutischen Zwecken. Viele unserer Eindrücke und Erinnerungen sind eng mit einem Duft

verbunden. „Schon der kleinste Hauch eines bestimmten Duftes regt uns dazu an, uns bestimmte Personen, Gegenstände, Bilder oder Situationen vorzustellen. (Wolfgang Löscher, Riech-und Schmeckspiele, 1997)
Auch die Wahrnehmung von Gestank hat meist eine deutliche Wirkung. Schweißgeruch wird als unangenehm und abstoßend empfunden, wir distanzieren uns von den Personen, die diesen Geruch verströmen. Ekeliger Geruch bewahrt uns auch davor, etwas Verdorbenes zu essen.
Geruch- und Geschmackssinn stehen in untrennbarem Zusammenhang. Jeder von uns hat schon einmal erlebt, dass der Duft einer Speise das Wasser im Mund zusammenlaufen lässt. Unser Appetit wächst und wir können es kaum erwarten, die Speise zu verzehren.
Beim Essen wird die Speise durch die Beimischung von Speichel über die Zunge verteilt. Auf ihr befinden sich geschmacksempfindliche Knospen, die uns mitteilen, ob etwas süß, sauer, salzig oder bitter schmeckt. Wird der Geruchssinn beeinträchtigt, fällt es uns nicht nur schwer differenzierte Düfte zu identifizieren, sondern auch den feinen Geschmack des Essens wahrzunehmen. Sämtliche Speisen schmecken gleich fad, wenn wir zum Beispiel eine Erkältung haben.
In Zeiten von Fast-Food, künstlichen Aromastoffen und Geschmacksverstärkern (!) ist die bewusste Förderung des Geruchs- und Geschmackssinnes zur Notwendigkeit geworden. Kinder sollten lernen, den ursprünglichen Duft und Geschmack von frischem Brot, Kräutern, Obst und Gemüse und frisch zubereiteten Speisen wertzuschätzen, denn das erhöht ihr eigens Wohlbefinden. Guten Appetit!

Gerüche und Düfte entdecken

Material: –

Gerüche und Düfte, die uns umgeben, können unsere Stimmung positiv oder negativ beeinflussen. Ein erfrischender Zitronenduft kann anregend und belebend wirken. Mancher Blumenduft vermag uns regelrecht zu betören. Adjektive, die Gerüche und Düfte beschreiben, gebrauchen wir aber selten. Sie bleiben meist den Verpackungen von Parfums vorbehalten. Wir kennen Wörter wie z.B. blumig, ätherisch, faulig, süßlich, stechend und neutral.
Mit diesem Spiel lernen die Kinder, Gerüche wahrzunehmen und differenzierter zu benennen. Dazu gehen sie im Raum spazieren und schnuppern an allem, was ihr Interesse weckt (z.B Seife, Holz, Papier, Plastik, Obst etc.). Um den jeweiligen Geruch intensiv wahrnehmen zu können, bleiben die Kinder jeweils stehen und schließen beim Schnuppern die Augen. Die Kinder merken sich die „Düfte", die besonders gut rochen oder besonders unangenehm waren. Nach dieser Duft-Wanderung setzen sich alle in den Stuhlkreis. Die Erzieherin hält verschiedene Gegenstände hoch, deren Duft von den Kindern beschrieben wird. Zur Kontrolle können alle Kinder nochmal an dem jeweiligen Gegenstand schnuppern. Die Erzieherin kann helfen, den Wortschatz der Kinder zu erweitern, indem sie bei einigen ausgewählten Gegenständen prägnante Wörter einführt.

 ## Duftempfindungen beschreiben

Material: verschiedene duftende Dinge oder Lebensmittel
(z.B. Seife, Kaffeebohnen, Milch etc.)

Auf einem Tisch liegen vielerlei duftende Dinge. Ein Kind aus der Gruppe schließt die Augen und schnuppert daran. Indem es beim Riechen immer wieder eine kurze Pause macht, kann es den jeweiligen Duft intensiv wahrnehmen. Danach benennt das Kind die duftenden Dinge und beschreibt Gefühle, Stimmungen oder Situationen, die es mit dem jeweiligen Duft verbindet. Anschließend kommt ein weiteres Kind aus der Gruppe an die Reihe.

Was riecht?

Material: Naturmaterialien (Gras, Rinde, Moos), Korb

Voraussetzung für dieses Spiel ist, dass die Kinder die in einem Korb bereitliegenden Naturmaterialien mit Namen kennen und vor dem eigentlichen Spiel mit allen Sinnen erforschen dürfen.
Die Kinder bilden einen Kreis und schließen ihre Augen. Die Erzieherin wählt aus dem Korb ein Material aus, an dem die Kinder schnuppern. Was duftet denn da so wunderbar? Nachdem die Erzieherin einmal im Kreis herumgewandert ist, stellen die Kinder Vermutungen an. Mehrere Sinne werden beansprucht, wenn sich unter den Materialien auch Geruchloses befindet. Dann müssen die Kinder sich auf ihren Tastsinn verlassen, um herauszufinden, was da die Runde macht.

Frühstück teilen

Material: Apfel, Banane, Paprika, Tomate,
            Käse-, Marmelade- und Wurstbrote

Die vorhandenen Lebensmittel werden jeweils in zwei Hälften geteilt. Die Kinder im Sitzkreis schließen die Augen und bekommen je eine Hälfte eines Lebensmittels auf einem Teller gereicht. Sie schnuppern intensiv an dem, was auf dem Teller liegt.
Ein Kind beginnt nun seine Schnupperrunde. Es stellt den Teller auf seinen Stuhl und wird von der Erzieherin von Kind zu Kind geführt. Hier nimmt es von jedem Teller eine Duftprobe, um den Frühstückspartner mit dem gleichen Nahrungsmittel, wie es auf dem eigenen Teller liegt, zu finden. Haben sich auf diese Weise die Partnerkinder gefunden, können sie gemeinsam ihr Frühstück verspeisen.

Das Schnuppersuchspiel

Material: Duftöl (Veilchen-, Fenchel-, Mandarinen- oder Zimtduft),
Wattebausch, Isomatte oder Decke

Für diese Übung gehen die Kinder paarweise zusammen. Jedes Paar holt sich einen Wattebausch, der mit einem Duftöl beträufelt ist.

Während das eine Partnerkind die Augen schließt, legt sich das andere bequem auf eine Isomatte oder Decke und legt den Wattebausch auf eine Körperstelle, die ihm angenehm ist. Das „blinde" Partnerkind muss nun vorsichtig am Körper des liegenden Kind entlang krabbeln und schnuppern, um dem Duft auf die Spur zu kommen. Nachdem die Spürnase fündig geworden ist, werden die Rollen getauscht. Das Spiel kann dazu beitragen Berührungsängste abzubauen. Sollte sich ein Kind aber bei diesem Spiel nicht wohlfühlen, muss es natürlich nicht mitmachen.

 ## Den Frühling riechen

Ort: Wiese

Auf der Wiese können wir im Frühling die ersten Blumen entdecken. Sonnenstrahlen verwöhnen uns und die Zugvögel kehren aus dem Süden zurück. Dabei nehmen wir den Frühling nicht nur mit den Augen und Ohren wahr, sondern riechen auch den frischen Duft von Blüten und Gräsern.

Auf einem Frühlingsspaziergang können die Kinder den Frühling begrüßen und ihre Aufmerksamkeit besonders auf die Düfte des Frühlings lenken. Auf einer Wiese können sie an den unterschiedlichsten Frühblühern schnuppern und den Duft der erwachenden Natur in sich aufnehmen. Im gemeinsamen Gespräch können die Kinder überlegen:

Welche Blumen dufteten besonders intensiv?
Gab es nur gut Riechendes oder auch Unangenehmes?

Duftmemory

Material: 20 gleiche Döschen, 20 Wattebäusche, verschiedene Duftöle, selbstklebende Farbpunkte, Karton

Vorbereitung: Unter vier Döschen werden jeweils gleiche Farbpunkte geklebt. Die Dosen gleicher Farbe werden mit gleichen Düften (auf Wattebäusche geträufelte Duftöle) gefüllt.
Aufgabe der Kinder ist es nun, an den geöffneten Döschen zu schnüffeln und wie bei einem Memoryspiel die vier zusammengehörigen zu finden. Die Farbpunkte dienen zur Kontrolle.

 Die Duftintensität prüfen

Material: genügend Nahrungsmittel, die unterschiedlich stark duften (Zwiebel, Knoblauch, Milch, Honig usw.)

Die Kinder schnuppern immer wieder an den einzelnen Nahrungsmitteln, um den intensivsten und den schwächsten Duftstoff herauszufinden. Die Kinder können die Nahrungsmittel nach Duftintensität sortieren.

 Den Lieblingsduft herausfinden

Material: verschiedene Duftöle (Jasmin-, Rosen-, Eukaplyptus-, Rosmarin-, Zitronen- und Orangenduft), ein Baumwolltuch je Kind

Auf einem Tisch stehen unterschiedliche Duftöle bereit. Die Kinder schnuppern an den verschiedenen Duftstoffen und suchen sich einen, den sie als besonders angenehm empfinden, heraus und träufeln sich davon ein wenig auf ihr Baumwolltuch.
Danach setzen sich die Kinder mit ihrem Tuch in den Stuhlkreis. Jeweils ein Kind geht einmal im Kreis herum und lässt die anderen Kinder an seinem Tuch riechen. Wer glaubt den Duftstoff erkennen

zu können, hebt die Hand. Nacheinander teilen die Kinder ihre Vermutungen mit. Anschließend gibt das Kind der Gruppe die Lösung bekannt und erklärt, warum es sich für diesen Duftstoff entschieden hat.

 ## Bellos feine Spürnase

Ort / Material: Blumenwiese, alte Hosen, die dreckig werden dürfen

Auf einer Blumenwiese finden die Kinder sich paarweise zusammen. Ein Kind spielt Bello, das andere das Frauchen (oder Herrchen). Bellos Aufgabe ist das „blinde" Erschnüffeln von Blumen. Dazu wird er von seinem Frauchen angeleitet. Während er sich mit verbundenen Augen auf allen Vieren fortbewegt, bekommt er Zeichen, die ihm die richtige Richtung weisen. Tippt das Frauchen auf Bellos rechte Schulter, geht Bello nach rechts. Tippt das Kind auf die linke Schulter, muss Bello in die andere Richtung gehen. Berührt das Kind mit einer Hand den Rücken von Bello, bleibt er stehen und schnuppert so lange bis er eine Blume riechen kann. Kann Bello den Duft einer Blume wahrnehmen, dann bellt er laut und öffnet seine Augen. Anschließend tauschen die Kinder ihre Rollen.

 ## Wasser schmecken

Material: Gläser mit Leitungswasser und verschiedenen Säften, wie Grapfruit-, Apfel- und Orangensaft

Die Kinder gehen paarweise zusammen. Jedes Paar bekommt Trinkgläser mit verschiedenen Säften und ein Glas mit Leitungswasser. Ein Partnerkind schließt seine Augen, das andere reicht ihm immer ein Glas zum Probieren an. Nun kostet das Kind die Flüssigkeit um herauszufinden, in welchem Glas das Leitungswasser ist. Anschließend tauschen die Kinder die Rollen.

Geschmäcker sind verschieden

Material: verschiedene Nahrungsmittel, ein Löffel für jedes Kind

Auf Tellern liegen verschiedene Lebensmittel bereit. Die Kinder können sich gegenseitig Geschmacksproben auf Löffeln servieren. Das Kind, das probiert, schließt seine Augen, um den Geschmack intensiv wahrnehmen zu können.

In einer anschließenden Gesprächsrunde tauschen die Kinder aus, was ihnen besonders gut geschmeckt hat oder was sie gar nicht mochten.

 ## Was esse ich?

Material: kleingeschnittene Nahrungsmittel, z.B. Brot, Wurst, Käse, Obst,
            Gemüse, kleine Schälchen

Jeweils zwei Kinder sitzen Rücken an Rücken. Vor jedem Kind stehen gleich viele Schälchen, gefüllt mit kleingeschnittenen Nahrungsmitteln. Nun beginnt ein Kind von einem der Schälchen zu kosten. Während des Kostens beschreibt es mit möglichst vielen Adjektiven den Geschmack. Das andere Kind hört aufmerksam zu und versucht das beschriebene Nahrungsmittel zu erkennen und den richtigen Namen zu nennen.

Hat es richtig getippt, probiert das Kind ein weiteres Nahrungsmittel und beschreibt es dem Partner.

 ## Gesunde Pausenbrote

Material: verschiedene Nahrungsmittel, wie Vollkornbrot, Butter, Käse,
            Wurst, Eier, Salat, Paprika, Tomate, etc., genügend Teller

Auf einem Tisch sind gesunde Nahrungsmittel bereitgestellt, mit denen die Kinder selbst Pausenbrote belegen können. Dazu bekommt jedes Kind einen Teller und eine Scheibe Brot, die es mit dem zur Verfügung Stehenden belegen kann.

Sind die Brote gemacht, schließt ein Kind die Augen und bekommt von einem anderen Mitspieler einen Teller mit einem Pausebrot gereicht. Das Kind kostet davon und versucht herauszuschmecken, mit welchen Zutaten das Brot belegt ist.

Anschließend kann es sich natürlich das ganze Brot wohlschmecken lassen.

 ## Das Geschmacksgedächtnisspiel

Material: verschiedene Obstsorten, eine Gabel, genügend Messer,
Schneidebrettchen und Teller

Auf Tellern liegt kleingeschnittenes Obst zum Kosten bereit. Alle Kinder kosten von einer bestimmten Frucht, z.B. der Banane. Diesen Geschmack sollen sie intensiv wahrnehmen. Danach schließen die Kinder ihre Augen und bekommen verschiedene, kleingeschnittene Obstorten – unter anderem auch ein Stück Banane – mit einer Gabel gereicht.

Wenn die Kinder meinen, die Banane zu schmecken, heben sie ihre Hand.

 ## Genießen

Material: verschiedene Nahrungsmittel

Die Fähigkeit eine Mahlzeit zu genießen, geht immer mehr verloren. Fast-food und Fertiggerichte führen dazu, dass wir zu hastig essen und natürliches Sättigungsgefühl unzureichend wahrnehmen. Zudem ernähren wir uns zu fett, immer mehr Menschen leiden an Übergewicht.

Kinder besitzen in der Regel noch die Gabe langsam und genussvoll zu essen. Damit sich diese natürliche Fähigkeit verfestigt und nicht verloren geht, eignet sich folgende Übung:

Alle Kinder bekommen ein Stück Brot und setzen sich in den Stuhlkreis. Zunächst versuchen die Kinder mit geschlossenen Augen das Brot hastig zu essen.

In einem zweiten Durchgang kauen die Kinder besonders langsam ein weiteres Stück Brot. Beim Kauen nehmen die Kinder intensiv den Geschmack des Brotes, welcher im Mund langsam süßlich wird, wahr.

Die Kinder öffnen die Augen und tauschen ihre Erfahrungen aus. Der Unterschied zwischen hastigem und langsamem Essen wird besprochen.

Die Kinder können den Unterschied zwischen gehetztem und genüsslichem Essen noch mit anderen Nahrungsmitteln ausprobieren.

 ## Das Fruchtsaftspiel

Material: verschiedene Obstsorten, z.B. Apfel, Banane und Orange,
        sowie Fruchtsäfte, wie z.B. Apfel-, Bananen- und Orangensaft,
        genügend Schneidebrettchen, Messer, Schälchen und Gläser

Bei diesem Spiel sollen die Kinder versuchen, die Früchte den Säften zuzuordnen, also Apfel zu Apfelsaft, Birne zu Birnensaft usw. Dazu stehen Gläser mit verschiedenen Säften und das entsprechende, kleingeschnittene Obst bereit. Gelingt die Zuordnung oder schmecken die Säfte nicht mehr so, wie die Früchte, aus denen sie gemacht sind?

Wer eine Saftpresse oder einen Mixer hat, kann aus dem Obst auch frische Säfte zum Vergleich mit den gekauften herstellen.

Zucker im Tee

Material: vier Gläser mit Tee, einen Kaffeelöffel und Zucker

Die Erziehern bereitet Tee vor, den sie in vier Gläser gießt und unterschiedlich stark süßt. Ein Tee bleibt ungesüßt, einer wird mit einem Teelöffel Zucker, ein weiterer mit zwei Teelöffeln und das letzte Glas mit drei Löffeln Zucker gesüßt. Die Aufgabe der Kinder besteht nun darin, eine süße Reihe zu bauen. Welches ist der am wenigsten süße, welches der süßeste Tee?

 ## Kindercocktails

Material: verschiedene Fruchtsäfte, genügend Gläser

Auf einem Tisch stehen verschiedene Fruchtsäfte und Gläser bereit. Die Kinder nehmen am Tisch Platz. Ein Kind aus der Gruppe sucht sich ein Partnerkind aus, dem es einen Fruchtsaftcocktail mischen will.

Das Partnerkind schließt die Augen und bekommt einen Cocktail aus zwei verschiedenen Säften gereicht. Es probiert aufmerksam das Mixgetränk und versucht die beiden Fruchtsäfte herauszuschmecken. Nachdem alle Kinder Gelegenheit hatten zu kosten und zu mixen, können sie über den Geschmack der einzelnen Mixgetränke sprechen. Gab es Mixgetränke, die besonders gut schmeckten? Gab es auch Fruchtsäfte, die in ihrer Kombination nicht zusammenpassten?

 ## Gemüseportraits

Material: verschiedene Gemüsesorten, Wachsmalstifte, Papier

Auf einem Tisch liegen verschiedene Gemüsesorten bereit, die die Kinder intensiv mit allen Sinnen wahrnehmen sollen. Wie sieht das

Gemüse aus? Wie riecht es? Wie schmeckt es? Die Kinder können auch mit geschlossenen Augen probieren, um den Geschmack intensiv aufzunehmen. Anschließend fertigt jedes Kind ein Gemüseportrait von dem Gemüse an, das ihm am besten geschmeckt hat.

 ## Das Duftzuordnungsspiel

Material: sechs bis acht Streichholzschachteln, spitzes Messer, Duftendes
(z.B. Kaffeebohnen, Orangenschalen, Rosenblüten, Kamille, Pfeffer, usw.)

Mit Löchern versehene Streichholzschachteln werden mit duftenden Materialien gefüllt.
Ein Kind eröffnet das Spiel, indem es eine Streichholzschachtel auswählt und daran schnuppert. Dann reicht es die Schachtel an seinen Nachbarn weiter, der ebenfalls riecht, die Schachtel geht reihum. Jeder der geschnuppert hat, malt ein Bild von dem, was da so gut riecht. Haben alle ihre Skizze fertig, wählt ein anderer Spieler eine Schachtel aus, die er zur „Schnüffelprobe" weiterreicht. Sind alle Duftnoten erschnüffelt worden, können die Spieler anhand ihrer Zeichnungen vergleichen, ob sie alle den richtigen Riecher hatten.

 ## Wer füllt den Einkaufskorb?

Material: zweimal zwanzig verschiedene Nahrungsmittel, zwei Tabletts,
zwei Einkaufskörbe, zwei Tücher, zwei Würfel, zwanzig Spielsteine für jede Gruppe

Die Kinder teilen sich in zwei Gruppen auf. Jede Gruppe bekommt ein Tablett mit zwanzig verschiedenen Nahrungsmitteln, von einem Tuch verdeckt, einen Würfel und einen Korb.
In jeder Gruppe wirft ein Spieler den Würfel, zeigt die Augenzahl Sechs, darf er mit geschlossenen Augen versuchen, eines der Nah-

rungsmittel entweder durch Riechen oder durch Schmecken zu erkennen. Gelingt ihm das, bekommt die Gruppe einen Spielstein, den sie im Einkaufskorb ablegt. Gelingt ihm das nicht, probiert der nächste Spieler sein Nasen-„Glück". Nach einer verabredeten Zeit vergleichen die Gruppen ihre Ergebnisse: Wer hat seinen Einkaufskorb am prallsten gefüllt?

Das Geschmacksbeschreibungsspiel

Material: Schale mit verschiedenen Obstsorten, Kärtchen, auf denen
die Obstsorten aufgemalt sind

Auf einem Tisch liegen die Obst-Kärtchen bereit. Bis auf einen Mitspieler nehmen alle am Tisch Platz. Der eine Spieler sucht sich einen Platz im Raum, an dem die anderen ihn nicht sehen können. Er bekommt die Schale mit Obst, aus der er eine Frucht auswählt und probiert. Aussehen und Geschmack der Frucht beschreibt er nun möglichst genau. Die anderen Spieler überlegen, um welche Frucht es sich handeln könnte und jeder, der das Ergebnis kennt, versucht zuerst, das dazu passende Kärtchen zu schnappen. Der „Testesser" darf die Frucht zur Belohnung ganz aufessen, der schnelle Rater behält das Kärtchen und ist als nächstes mit Probieren und Beschreiben an der Reihe. Wer die meisten Kärtchen sammeln kann, hat das Spiel gewonnen.

Einen Gegenstand riechen und fühlen

Material: Diverses

Vieles von dem, was uns täglich umgibt, nehmen wir kaum noch wahr. Damit Kinder auch die kleinen alltäglichen Dinge schätzen lernen, müssen sie all ihre Sinne schärfen.
Bei dieser Übung kommt es nicht nur auf den Geruchs- sondern auch auf den Tast- und Sehsinn an. Zunächst gehen die Kinder langsam im Raum spazieren und schauen sich alles genau an, um

einen Gegenstand, den sie besonders gern mögen, auszuwählen. Diesen Gegenstand nehmen sie mit an ihren Platz, schließen ihre Augen und versuchen, ihn möglichst mit allen Sinnen wahrzunehmen und möglichst viele Eigenschaften zu entdecken. Anschließend hat jedes Kind Gelegenheit sein Lieblingsstück den anderen vorzustellen und dabei möglichst genau alle Eigenschaften zu nennen und zu erklären, was sie daran so mögen.

Spiele fürs Fingerspitzengefühl

Die Haut ist das Sinnesorgan mit der größten Flächenausdehnung. Ober-, Leder- und Unterhaut bilden die drei Schichten der Haut. Die Oberhaut besteht aus einer Horn- und Keimschicht. Sie wird von der Lederhaut mit Nährstoffen versorgt. Die fettreiche Unterhaut dient als Schutz für die inneren Organe.

Einerseits besteht die Aufgabe der Haut darin, den Körper vor äußeren Einflüssen zu schützen und unsere Körpertemperatur zu regulieren, andererseits können wir gerade mit ihr durch das Fühlen und Tasten Kontakt zur Umgebung aufnehmen.

Besonders Kleinkinder erforschen und verstehen durch Ertasten und Greifen ihre Umgebung. Der Begriffsbildung geht das Begreifen voraus.

Das Anfassen mit den Händen aber auch das Fühlen mit dem ganzen Körper liefert grundlegende Informationen über die Umgebung. Um herauszufinden, wie schwer beispielsweise eine Kiste ist, müssen wir sie aufheben und ganz konkret das Gewicht spüren. Oft wissen wir durch Erfahrung, wie sich etwas anfühlt. Wir müssen das Fell einer Katze nicht streicheln, um zu wissen, dass es sich samtweich anfühlt. Aber Genuss durch die Weichheit und Flauschigkeit empfinden können wir nur, wenn wir die Katze tatsächlich berühren.

Tastempfindungen zu beschreiben heißt auch immer, den Wortschatz zu erweitern. Vielen Kindern fällt das genaue Beschreiben des Erfühlten schwer, noch fehlen ihnen die Worte. Mit dem Bewusstmachen der Tasterfahrungen erweitern sich die Möglichkeiten zu beschreiben: weich, flauschig, zart, samtig, spitz, rauh, spiegelglatt, kühl, heiß, matschig, klebrig, feucht, glitschig …

Der Tastsinn ermöglicht es uns auch, uns im Dunkeln zu orientieren. Sobald der Sehsinn ausgeschaltet ist, verstärkt sich die Wahrnehmung durch die anderen Sinne. Wir lauschen intensiver und unser behutsames Tasten liefert all die Informationen, die wir brauchen, um uns im Raum bewegen zu können. Blinde Menschen verblüffen die „Sehenden" oft durch ihre ausgeprägte taktile und auditive Wahrnehmung.

Unsere Tastempfindlichkeit informiert uns auch über angenehme und unangenehme Berührungen und verrät uns dabei immer auch viel von uns selbst. „Bei wem oder was schreckt man vor der Berührung zurück? Wo oder bei wem möchte man spontan die Hand ausstrecken um zu berühren?

Damit wir etwas wahrnehmen können, muss ein Reiz unsere Haut berühren. Allerdings sind wir an den einzelnen Körperstellen unterschiedlich tastempfindlich. Deshalb sollten sich Übungen zur Förderung des Tastsinns nicht nur auf das Berühren mit den Händen beschränken. Viele Tastübungen können die Kinder auch mit den Füßen ausprobieren oder sie versuchen, mit ihrer Wange zu fühlen.

Geheimnisvoller Wäschesack

Material: Wäschesack und Spielsachen

Diese Übung bietet sich vor dem täglichen Aufräumen an und bereitet den Kindern viel Freude. Die Kinder erleben das Aufräumen nicht nur als „lästige" Pflicht, sondern als Spiel innerhalb der Gruppe. Dazu packen jeweils zwei Kinder bis zu zehn Spielsachen in einen Wäschesack ein.

Nun beginnt das Spiel. Während ein Kind den Wäschesack hält, greift das andere hinein und nimmt sich ein Spielzeug. Im Wäschesack tastet das Kind langsam den Umriss und die Struktur des Spielzeugs ab. Anschließend versucht das Kind den Gegenstand zu benennen. Zur Kontrolle holt das Kind das Spielzeug aus dem Wäschesack heraus. Wurde es richtig erkannt, dann räumt das andere Kind das Spielzeug auf. Konnte der Gegenstand nicht erkannt werden, dann muss das Ratekind ihn aufräumen.

 ## Stoffe fühlen

Material: Wäscheleine, Wäscheklammern und Wäschestücke

Im Raum bringt die Erzieherin eine Wäscheleine an und hängt Wäschestücke aus unterschiedlichen Materialien, wie Baumwolle, Wolle, Seide, Synthetik etc. auf. Die Kinder können die einzelnen Wäschestücke ausgiebig befühlen, um sich mit den verschiedenen Materialien vertraut zu machen.

Nun wählt die Gruppe zwei Kinder aus, die das Spiel beginnen. Das eine Kind schließt seine Augen während das zweite Kind es an die Hand nimmt und zu einem beliebigen Wäschestück führt. Das „blinde" Kind muss den Stoff durch Tasten und Fühlen erkennen und benennen.

Den Wald ertasten

Ort: Wald

Während eines Waldspaziergangs begegnen die Kinder vielen interessanten Dingen, die man auch durch das Tasten erforschen kann. Jeweils zu zweit können die Kinder Bäume, Gräser, Blätter u.Ä. erfühlen. Während das eine Kind mit geschlossenen Augen tastet, kann das andere Hilfestellung geben. Das ‚blinde‘ Kind versucht genau zu beschreiben, was es gerade fühlt und stellt Vermutungen an, was das Befühlte sein könnte. Der Partner bestätigt seine Beschreibungen oder gibt Tipps, falls etwas nicht richtig war. Außerdem bestätigt er, wenn das Kind richtig geraten hat.

 ## Pinselberührungen

Material: Flachpinsel, den man zum Malen und Lackieren benutzen kann,
        Decke und Kopfkissen

Jeweils zwei Kinder gehen zusammen und holen sich eine Decke und ein Kopfkissen. Die Kinder ziehen ihre Schuhe aus. Danach legt sich ein Kind auf die Decke. Dabei ruht der Kopf auf einem Kissen. In der Rückenlage liegen die Arme neben dem Oberkörper leicht angewinkelt. Die Beine sind gespreizt, so dass die Fußspitzen bequem zur Seite fallen können. Nun beginnt das zweite Kind mit einem großen Flachpinsel nacheinander die einzelnen Körperbereiche des liegenden Kindes zu berühren. Dabei muss es auf einen fließenden Bewegungsablauf achten. In Gedanken verfolgt das liegende Kind den Weg des Flachpinsels. Ist die Körperreise des Pinsels beendet, öffnet das Kind seine Augen, steht über die Seitenlage auf, ballt die Hände zu Fäusten und reckt sich. Die Kinder tauschen ihre Rollen und der Pinsel geht erneut auf die Reise. Anschließend findet im Gesprächskreis ein Erfahrungsaustausch statt. Gab es Körperstellen, die besonders berührungsempfindlich waren? Was war angenehm oder unangnehm?

Auto fahren

Material: Spielzeugauto, Decke und Kopfkissen

Die Kinder ziehen ihre Schuhe aus und bilden Paare. Danach holt sich jedes Paar eine Decke und ein Kopfkissen. In der Rückenlage legt sich ein Partnerkind bequem auf eine Decke. Der Kopf ruht auf einem Kissen. Die Arme liegen leicht angewinkelt neben dem Oberkörper. Die Beine sind gespreizt und die Fußspitzen fallen locker zur Seite. Die Augen sind geschlossen.

Das zweite Kind fährt mit einem Spielzeugauto nacheinander die Körperbereiche ab und macht ab und zu an einigen Körperstellen „Rast". In Gedanken verfolgt das liegende Kind den Weg des Autos und prägt sich die Rastplätze ein. Ist die Körperreise des Autos beendet, bittet der „Fahrer" das liegende Kind mit sanfter Stimme die Augen zu öffnen und über die Seitenlage wieder aufzustehen. Das Kind nennt die Körperstellen, an denen das Auto Rast gemacht hat. Das zweite Kind hört aufmerksam zu und überprüft die Aussagen. Danach wechseln die Kinder ihre Plätze und die Autofahrt fängt von vorne an.

 ## Die Natur barfüßig spüren

Ort: Wiese und Weg

Mit bloßen Füßen in der Natur spazieren zu gehen ist ein Erlebnis, das Kindern sehr gefällt.

Was gibt es da nicht alles mit den Füßen zu entdecken. Das weiche Gras streichelt sanft die Füße, kleine Steine pieksen leicht und Blätter rascheln unter den Füßen.

Nachdem die Kinder nach Herzenslust eine Fuß-Fühltour gemacht haben, tauschen sie ihre Erfahrungen aus:

Was gab es alles barfüßig zu entdecken?

Was fühlte sich angenehm oder unangenehm unter den Füßen an?

Was kitzelt besonders schön?

Tennisballmassage

Material: Tennisball und eine Wand

Die Kinder holen sich jeweils einen Tennisball und suchen sich an den Wänden freie Stehplätze. Die Kinder klemmen die Tennisbälle mit dem Rücken gegen die Wand. Um den Rücken zu massieren, müssen die Kinder ihre Körper leicht auf, ab und zur Seite bewegen. Diese Selbstmassage mit dem Tennisball trägt dazu bei, den Körper fit zu halten und Verkrampfungen zu lösen. Die Kinder erleben die wohltuende Wirkung der Massage. Allerdings erfordert diese Übung sehr viel Körperbeherrschung. Deshalb ist sie vor allem für ältere Kinder geeignet.

 ## Mein Freund

Material: –

Je zwei befreundete Kinder finden sich zu Paaren zusammen. Sie befühlen sich gegenseitig mit geschlossenen Augen. Wie groß ist der andere? Wie ist sein Körperumfang? Wie fühlt sich seine Kleidung an? Trägt er/sie eine Brille, Schmuck?
Anschließend finden sich die Kinder im Stuhlkreis zusammen. Ein Ratekind stellt sich in die Mitte und schließt die Augen. Aus einer Reihe von vier Personen muss es nun seinen Freund heraussuchen, indem es die Kinder behutsam abtastet. Glaubt das Kind den Freund zu erkennen, bleibt es vor ihm stehen und öffnet die Augen.

 ## Der Entspannungsbaum

Material: Baum

Die Kinder suchen sich einen Baum in ihrer nächsten Umgebung aus, der für ein Jahr lang ihr Entspannungsbaum sein soll.

Gemeinsam wird dem Baum von Zeit zu Zeit ein Besuch abgestattet und bei dieser Gelegenheit mit den Händen ertastet. Die Kinder schließen ihre Augen und tasten behutsam die Rinde, die Äste und Zweige des Baumes ab. Dabei versuchen die Kinder möglichst viele Details, wie beispielsweise die Struktur der Blätter, wahrzunehmen.

Nach einer gewissen Zeit können die Kinder auch jahreszeitlich bedingte Veränderungen am Baum erfühlen.

Für jeden Besuch kann ein wiederkehrendes Ritual, wie beispielsweise den Baum mit geschlossenen Augen umarmen, um Kraft zu tanken, vereinbart werden.

 ## Angenehm oder unangenehm

Material: verschiedene Materialien

Jeden Tag berühren wir verschiedene Materialien mit den unterschiedlichsten Oberflächen. Auf der Haut empfinden wir manche Materialien als angenehm und andere wiederum als unangenehm. Die Ursachen für diese Empfindungen können sehr unterschiedlich sein und hängen auch von der derzeitigen Befindlichkeit und den bisherigen Erfahrungen ab.

Die Grundidee der Übung „Angenehm und unangenehm" besteht darin, dass die Kinder verschiedene Materialien bewusst wahrnehmen und ihre damit verbundenen Empfindungen zu beschreiben lernen.

Zu Beginn der Übung holen sich jeweils zwei Kinder verschiedene Materialien, wie Stoff, Leder, Blech, Holz und Gummi. Danach schließt ein Partner die Augen und bekommt die verschiedenen Materialien gereicht. Aufmerksam versucht er, die einzelnen Materialien zu ertasten und wahrzunehmen.

Anschließend nennt er die gefühlten Materialien und beschreibt auch die Empfindungen, die beim Tasten entstanden sind. Dann tauschen die Kinder ihre Rollen.

„Warmes" Spielzeug

Material: Spielzeug mit verschiedener Wärmeleitfähigkeit z.B. aus Holz, Stoff,
         Kunststoff, Blech, Eisen etc., je zwei Körbe pro Team

Jeweils zwei Kinder bekommen Spielsachen, die aus verschiedenen Materialien bestehen. Mit geschlossenen Augen versuchen sie
nun, das Matreial nach „kalt" oder „warm" in die zwei Körbe zu
sortieren. In weiteren Runden lernen die Kinder weich-hart, leicht-
schwer, glatt-rauh mit Hilfe des Tastsinns zu unterscheiden.
In anschließenden Gesprächsrunden können die Kinder jeweils
ihre Ergebnisse präsentieren und bei Unstimmigkeiten nochmals
eine Fühlrunde machen.

 Lang – länger – am längsten

Material: unterschiedliche Gegenstände

Vor den Kindern liegen Gegenstände unterschiedlicher Länge.
Durch Ertasten bei geschlossenen Augen sollen die Kinder die
Gegenstände der Länge nach sortieren. Anschließend können die
Kinder ihre Ergebnisse betrachten und beschreiben, z.B. „Der
Bleistift ist lang, der Filzstift ist länger und der Kugelschreiber ist
am längsten" oder „Der Filzstift ist länger als der Bleistift" usw.
In weiteren Runden können die Kinder nach anderen Eigenschaf-
ten sortieren, z.B. „klein, kleiner, am kleinsten, dünn, dünner, am
dünnsten.

 Bücher sortieren

Material: Bücher, unterschiedlich in Umfang und Format

Jedes Kind hat einen kleinen Bücherstapel vor sich liegen, den es
nach Größe sortieren soll, das größte Buch nach unten, das kleinste

obenauf. Dazu schließt es die Augen und versucht diese Aufgabe nur durch Tasten zu lösen. Eine andere Aufgaben kann heißen: das dickste Buch zuunterst, das dünnste obenauf.

Versteckte Steine

Material: ein kleines Stoffsäckchen, drei Steine, die sich in der Größe unterscheiden

In einem kleinen Säckchen verborgen liegen drei unterschiedlich große Steine. Die Kinder setzen sich um das Säckchen herum auf den Boden.
Das älteste Kind aus der Gruppe beginnt und greift in das Säckchen hinein. Es tastet vorsichtig und behutsam alle Steine ab um herauszufinden, welches der größte ist. Hat es ihn gefunden, nimmt es den Stein in die Hand und zieht ihn hervor. Nun kann das nächste Kind sein Glück versuchen.
Natürlich können die Kinder auch nach dem kleinsten oder dem mittelgroßen Stein suchen.

Einen Händedruck weitergeben

Material: –

Alle Kinder sitzen im Stuhlkreis, fassen sich an die Hände und schließen ihre Augen. Ein Kind beginnt und drückt bis zu fünf Mal behutsam die Hand des rechten Nachbarn. Der nimmt aufmerksam den Händedruck wahr und gibt diesen in der entsprechenden Anzahl wiederum an seinen rechten Nachbarn weiter.
Hat der abgeschickte Händedruck die linke Hand des ersten Kindes wieder erreicht, ist die Übung beendet. Kam die richtige Anzahl an Händedrucken an?
In einer weiteren Runde können andere Fühlaufgaben erdacht werden, z. B. mit den Fingern bis zu fünf Mal behutsam auf den Oberschenkel des rechten Nachbarn tippen.

Ein Gesicht fühlen

Material: –

Bei dieser Übung tasten die Kinder ihre Gesichter gegenseitig ab, deshalb sollten sich jeweils zwei Kinder zusammentun, die sich gegenseitig vertrauen und mögen.

Die Paare nehmen, mit ihren Gesichtern einander zugewandt, auf dem Boden Platz. Die Kinder einigen sich, wer zuerst auf Tastreise in dem Gesicht des anderen gehen will. Die Erzieherin macht mit einem Kind die Gesichtstastreise vor. Dabei kann sie eine Beschreibung ihrer Tastreise geben, z.B.

„Ich lege meine Fingerspitzen zuerst auf deine rechte Wange, von da wandere ich zur Nase. Ich drücke einmal sanft deine Nasenspitze und wandere den Nasenrücken herauf zur Stirn …"

Auf diese Weise lernen die Kinder nicht nur das behutsame und vorsichtige Berühren, sondern erweitern nebenbei auch ihren Wortschatz. Nachdem die Kinder ihre Rollen gewechselt haben, tauschen sie untereinander ihre Erfahrungen aus. Was gab es alles im Gesicht zu entdecken? Was war angenehm oder unangenehm? Gab es besonders tastempfindliche Stellen? In welcher Rolle haben sich die Kinder wohler gefühlt?

 ## Meins und Deins

Material: persönliche Gegenstände der Kinder, wie eine Armbanduhr, eine Halskette, ein Armreif, eine Haarspange, ein Portemonnaie, ein Spielzeugauto etc.

Die Kinder versammeln sich um einen großen Tisch. Darauf legt jedes Kind einen persönlichen Gegenstand. Ein Kind eröffnet das Spiel: es befühlt die gesammelten Gegenstände mit geschlossenen Augen und versucht, das eigene herauszusuchen indem es aufmerksam die Umrisse und Strukturen abtastet. Sobald das Kind glaubt, dass es sich um einen persönlichen Gegenstand handelt, ruft es laut: „Meins!". Ältere und geübtere Kinder können auch versuchen, den jeweiligen Gegenstand dem Besitzer zuzuordnen.

 ## Puzzeln

Material: Puzzleteile von einem Puzzle

Die Kinder legen sechs zusammenpassende Puzzleteile auf einen Tisch. Vorteilhaft sind vor allem Holzpuzzleteile, bei denen die Kinder die Umrisse besonders gut fühlen können.
Zunächst sollten die Kinder Gelegenheit haben, das Puzzle „sehenden Auges" zu einem Bild zusammenzufügen.
Sobald die Puzzleteile mühelos zusammengefügt werden können, beginnt die zweite Phase der Übung. Die Kinder mischen die Teile und der erste Spieler schließt seine Augen und versucht nur durch Ertasten der Puzzleteile das richtige Bild zu legen. Ältere oder geübtere Kinder können versuchen auf diese Weise ein Puzzle mit bis zu vierundzwanzig Teilen fertig zu stellen.

 ## Das Zauberspiel

Material: Zylinder, Zauberstab und zehn Chiffontücher

Ein Kind spielt den Zauberer. Es bekommt einen Zylinder, einen Zauberstab und zehn Chiffontücher.
Der Zauberer verknotet, ohne dass die anderen Kinder ihn dabei beobachten können, einige der Chiffontücher miteinander und legt sie in den Zylinder. Dann berührt der Zauberer mit seinem Stab den Zauberhut und sagt dazu: „Simsalabim, Simsalabim, finde heraus, wie viele Tücher miteinander verknotet sind!"
Der Zauberer wählt ein Kind aus der Gruppe aus, das mit geschlossenen Augen in den Zylinder greifen und ertasten muss, wie viele Tücher zusammengeknotet sind.

Der Gelderkennungsautomat

Material: verschiedene Geldmünzen

Bei dieser Übung müssen die Kinder den Wert der einzelnen Geldstücke ‚blind' wiedererkennen können. Dies setzt voraus, dass die Kinder die einzelnen Geldstücke schon kennen, benennen und unterscheiden können.

Zu Beginn der Übung gehen die Kinder paarweise zusammen. Jedes Paar erhält sechs verschiedene Geldstücke, die es sich aufmerksam anschaut. Danach schließt ein Kind die Augen und erhält ein beliebiges Geldstück, dessen Oberfläche und Größe es langsam und sorgfältig abtastet. Sobald das Kind glaubt, den Wert des jeweiligen Geldstücks erkennen zu können, teilt es das Ergebnis mit.

Ältere und geübtere Kinder können auch zwei bis drei Geldstücke ertasten und versuchen, den Wert der Geldstücke im Geiste zusammenzuzählen.

 # Blindes Anziehen

Material: –

Jedes Kind holt sich seine Jacke und zieht die Schuhe aus. Diese Kleidungsstücke legen die Kinder direkt neben sich auf den Boden und schließen ihre Augen.

Die Aufgabe besteht nun darin, die Jacke und die Schuhe ‚blind' anzuziehen. Damit das gelingt, müssen die Kinder aufmerksam jedes Kleidungsstück abtasten. Wo ist oben/unten, vorne/hinten, rechts/links usw.

Zum Schluss sprechen die Kinder über ihre Erfahrungen.

War das blinde Anziehen schwer oder leicht?

Gab es Situationen, die besonders schwierig waren? Welche?

Welche Details an den Kleidungsstücken waren hilfreich?

Wie orientieren sich blinde Menschen?

Sand auf meinem Körper

Material: Sand, Kissen

Sand fühlt sich angenehm an und bereitet den Kindern viel Freude. Im Außengelände des Kindergartens und auf dem Spielplatz befindet sich in der Regel immer ein Sandkasten. Beim Spielen im Sand erleben die Kinder wie zärtlich der weiche Sand durch die Hand rieselt.

Bei der folgenden Übung, die sich besonders gut im Sommer anbietet, finden sich die Kinder paarweise zusammen. Dabei legt sich ein Kind barfüßig in den Sandkasten hinein. Der Kopf ruht auf einem Kissen. In der Rückenlage winkelt das Kind die Arme etwas an und lässt die Füße locker nach außen kippen. Die Augen sind nach Möglichkeit geschlossen. Nun nimmt das andere Kind etwas Sand und lässt ihn vorsichtig und gleichmäßig auf die einzelnen Körperstellen des Partners rieseln. In Gedanken verfolgt das liegende Kind den Sandweg. Sind alle Körperstellen bis auf den Kopf bedeckt, öffnet das Kind seine Augen. Es steht langsam über die Seitenlage auf und reckt sich. Danach tauschen die Kinder ihre Plätze und die Übung beginnt erneut. Anschließend besprechen die Kinder u. a. folgende Fragen:

Wie fühlte sich der Sand auf dem Körper an? Angenehm oder unangenehm?

Gab es Körperstellen, auf denen der Sand besonders intensiv wahrgenommen werden konnte?

 ## Das Runde fühlen

Material: kleiner Ball, Knetmasse

Auf einem Tisch liegen Knetmasse und Tischtennisbälle für jedes Kind bereit. Jeder Mitspieler nimmt sich etwas Knete und einen Ball, der zunächst intensiv betastet wird. Dann nimmt jedes Kind mit geschlossenen Augen seine Knete und versucht einen Ball zu

formen, der ebenso groß ist wie der Tennisball. Damit Form und Größe übereinstimmen, müssen die Kinder immer wieder den Tennisball zum Vergleich mit den Händen abtasten.
Wer konnte das beste Duplikat herstellen? War es schwer, blind ein Duplikat anzufertigen? Gab es besondere Tricks?

 ## Ein Paar Schuhe finden

Material: ein Paar Schuhe, verschiedene Schuhe für den linken Fuß

Im Sitzkreis liegen sechs verschiedene Schuhe für den linken Fuß. Nur zu einem Schuh gibt es das rechte Exemplar. Das bekommt ein Kind gereicht, schaut es sich aufmerksam an und ertastet es.
Die Aufgabe besteht daran, mit geschlossenen Augen den passenden linken Schuh aus den anderen herauszusuchen. Um das Gegenstück zu finden, muss das Kind aufmerksam jedes Detail, wie Material, Form und Größe der Schuhe ertasten und vergleichen.

 ## Einen Spielbereich wiedererkennen

Ort: verschiedene Spielbereiche

Bei dieser Übung müssen die Kinder mit dem Raum bestens vertraut sein. Dazu bietet sich der Gruppenraum oder das Klassenzimmer an, in dem sich die Kinder tagtäglich aufhalten. Meistens sind die Räume in verschiedene Spielbereiche, wie Puppen-, Bau-, Kuschel- und Malecke unterteilt. Die Spielbereiche schaut sich die Gruppe aufmerksam an. Dabei versuchen die Kinder, sich möglichst viele Details zu merken.
Danach wählt die Gruppe zwei Kinder aus, welche die Übung beginnen. Die Kinder fassen sich an die Hände, eines von ihnen schließt die Augen. Es wird von seinem Partner zu einem Spielbereich im Zimmer geführt. Vorsichtig und langsam tastet das Kind die Möbel und Gegenstände ab. Damit es nicht die Orientierung verliert, bleibt das andere Kind in seiner Nähe und gibt leise

Nah gibt es et an
deinem Kopf?

x

Ist es zu laut ~~fühlt~~
Fühle ich Schmerzen

u mir
x Einen Teil nennt
man Muschel

Mit mir nimmst Du
Geräusche wahr
M. m. n. D Musik wa

Wer bin ich?

Anweisungen. Sobald das Kind glaubt, dass es den Spielbereich erkennt, teilt es der Gruppe seine Vermutung mit.

 ## Schachteltürme

Material: verschiedene Schachteln (Kartons, Schuh-, Käse-, Tee-, Streichholzschachteln, usw.), zwei Würfel

Die Spieler bilden zwei gleich große Mannschaften. Jede Mannschaft bekommt einen Würfel und ein gleich große Anzahl von Schachteln. In jeder Mannschaft würfelt ein Spieler; bei einer Eins darf er sich eine Schachtel aussuchen und damit das Fundament eines Turmes legen. Welche Schachtel bietet den besten Baugrund? Dann wird in jeder Mannschaft reihum gewürfelt. Fällt die Eins, darf der Turm jeweils um eine Schachtel erhöht werden. Die anderen Spieler können beratend tätig sein.

Jeder Baumeister braucht gute Nerven und Fingerspitzengefühl, denn stürzt der Turm ein, hat die Mannschaft verloren.

Stürzt keiner der Türme vor der vereinbarten Spielzeit ein, gewinnt natürlich die Mannschaft mit dem höchsten Bauwerk.

 ## Patchwork

Material: Stoffreste mit unterschiedlicher Struktur in kleine Quadrate geschnitten

Jedes Kind bekommt eine kleine Schachtel in der verschiedene Stoffquadrate liegen. Einige Stoffe sollen doppelt oder sogar mehrfach vorhanden sein.

Das Kind hat nun die Aufgabe, mit geschlossenen Augen ein Patchworkmuster aus den Stoffquadraten zu legen und zwar so, dass keine gleichen Stoffreste nebeneinander gelegt werden. Dazu muss es jeden Stoff intensiv befühlen, um entscheiden zu können, ob er ins Patchwork passt.

Knetmeister

Material: Knete, Schwungtuch

Bis auf ein Kind sitzt die Gruppe um ein großes Schwungtuch herum auf dem Boden. Während das eine Kind für alle gut sichtbar aus Knete etwas formt, müssen alle anderen versuchen, diese Form unter dem Schwungtuch nachzukneten. Während also der Knetmeister langsam etwas aus seinem Knetklumpen entstehen lässt, beobachten die anderen Spieler seine Handgriffe aufmerksam und versuchen diese mit der eigenen Knete nachzumachen.
Ist das Werk des Meisters und der Lehrlinge fertiggestellt, deckt die Gruppe das Schwungtuch auf und vergleicht die eigenen Werke mit dem des „Meisters".
Der Meister darf das Werk heraussuchen, das die größte Ähnlichkeit zu seinem aufweist.

 ## Slalom

Material: fünf Markierungskegel oder Reifen, Tennisring
(16,5 cm Durchmesser)

In gleich großen Abständen stellen die Kinder hintereinander fünf Markierungskegel oder Reifen als Hindernisse auf, so dass ein Slalomweg entsteht.
Das erste Kind beginnt, indem es sich einen Tennisring auf den Kopf legt und versucht, langsam und leise im Slalom um die Kegel herumzuwandern, ohne den Ring vom Kopf zu verlieren. Hat es den Parcour geschafft, übergibt es den Ring dem nächsten Kind, verliert es den Ring, kann es noch mal starten.
Die Übung ist erst dann beendet, wenn alle Kinder einmal an der Reihe waren und hintereinander stillschweigend auf dem Boden sitzen. Diese Übung ist hervorragend dazu geeignet, das „Fingerspitzengefühl" des ganzen Körpers zu trainieren, denn besonders das Gleichgewichtsempfinden wird auf diese Weise trainiert.

Malen nach Meditationsmusik

Material: Malpapier, Tesafilm, Fingerfarben, Schälchen, Kassettenrekorder,
Meditationsmusik (geeignet sind z. B. folgende Musikstücke: „Der
Mond ist aufgegangen" aus der CD „Kinderträumeland" von Detlef
Jöcker, „Carousel" aus der CD „Sleepytime" von Gomer Edwin
Evans, „Wide Open" aus der CD „Heart Symphony" von Karunesh)

Auf einem Tisch befestigt jedes Kind mit etwas Tesafilm ein
DIN A3-Blatt und stellt zwei Schälchen mit Fingerfarbe für sich
bereit. Zur Auflockerung malen die Kinder zu Beginn der Übung
mit beiden Händen große Kreise in die Luft.
Mit Einsetzen der ruhigen Musik tauchen die Kinder einen Zeigefinger in eine Farbe ein, legen ihren Zeigefinger auf die Mitte des
Blattes und malen im Rhythmus der Musik eine Spirale die langsam immer größer wird. Damit ein fließender Bewegungsablauf
entsteht, müssen die Kinder mit ihrem Zeigefinger möglichst lange
im Kontakt mit dem Papier bleiben. Den Zeigefinger der anderen
Hand tauchen die Kinder nun in die andere Farbe und beginnen am
Ende der ersten Spirale und zeichnen diese nun rückwärts in fließender Bewegung nach. Diese Kreisbewegungen haben eine beru-
higende Wirkung. Die abwechselnde Rechts-links-Bewegung fördert das kinestetische Empfinden.
Um die Kinder in ihrer Konzentration und Ausdauer nicht zu über-
fordern, sollte das ausgewählte Musikstück nicht länger als acht
Minuten dauern.

Murmelspuren

Material: Murmel, runde Käseschachtel, Finger- oder Plakafarbe, Schälchen,
Kassettenrekorder, Meditationsmusik (Auswahl siehe oben)

Für diese Übung taucht jedes Kind eine Murmel in ein Schälchen mit flüssiger Farbe und legt sie in eine runde, möglichst weiße Käseschachtel.

Nun nehmen alle Kinder einen „festen Stand" im Raum ein. Dazu werden die Beine hüftbreit gestellt, die Knie können locker federn. Der Oberkörper bleibt möglichst gerade. Die Kinder halten die Käseschachtel mit beiden Händen fest und bleiben ruhig stehen. Erst wenn eine ruhige Musik erklingt, machen die Kinder leichte Kreis- oder Schaukelbewegungen. Dabei bleiben sie immer in einer Position stehen. Nur der Oberkörper schwingt ganz langsam im Rhythmus der Musik. Dabei rollt die eingefärbte Murmel in der Käseschachtel hin und her und hinterlässt farbige Spuren. Haftet keine Farbe mehr an der Murmel, färben die Kinder sie wieder ein und beginnen erneut mit der Übung.

 ## Wasserweg

Material: Plastikschüsseln mit unterschiedlich warmem Wasser,
Handtücher, evtl. Kleidung zum Wechseln

Wasserspiele machen den Kindern bei schönem Wetter im Freien viel Spaß.

Stellt man Schüsseln mit unterschiedlich temperiertem Wasser auf, können die Kinder erproben, welche Schüssel das kälteste und welche das wärmste Wasser enthält.

Vorsicht: das Wasser darf nicht eiskalt und nicht zu heiß sein!

Spiele zum Luft holen

Unsere Atmung, die durch das vegetative Nervensystem gesteuert wird, erfolgt ohne dass wir bewusst atmen müssen. Im autogenen Training kommt diese unbewusst ablaufende Körperfunktion durch den Satz „Es atmet mich" zum Ausdruck. Obwohl wir unserer Atmung normalerweise wenig Beachtung schenken und sie einfach als gegeben hinnehmen, ist sie der Schlüssel zum Leben. „Der Mensch kann ohne feste Nahrung einige Wochen, ohne Wasser ein paar Tage, ohne zu atmen jedoch nur wenige Minuten überleben. So ist offenbar die Atmung der Vorgang im menschlichen Körper, der ihn am meisten mit den so dringend nötigen Vitalstoffen versorgt." (Ursula Rücker-Vogler, Yoga und autogenes Training mit Kindern, 1995) Atmung und Leben sind also gleichbedeutend. Körperliche und seelische Belastungen können zu Atemstörungen führen und bei den betroffenen Menschen ein Gefühl der Atemnot oder der Atembeklemmung auslösen. Das hastige und heftige Atmen bei psychischer Belastung führt dazu, dass zwar zusätzliche Energien im Körper bereitgestellt werden, diese aber nicht in körperliche Arbeit umgesetzt werden können. Dadurch kann sich die Atmung verkrampfen und sich in Atembeschwerden äußern. „Die augenscheinlichste Krankheit dieser Art ist das Asthma." (ebd.)

Im Gegensatz zu den anderen Körpervorgängen, die vom vegetativen Nervensystem gesteuert werden, können wir die Atmung positiv beeinflussen, indem wir sie bewusster steuern. Eine gute Atmung setzt eine gute Haltung voraus, damit die Luft ungehindert strömen kann, außerdem sollte möglichst tief in den Bauchraum hineingeatmet werden. Deshalb sollte die Aufmerksamkeit der Kinder mehr auf die Bauchatmung als auf die Brustatmung gelenkt werden. Vorstellungsbilder, wie z. B. das Beobachten der leichten Wellen des Meers, die sich in einem rhythmischen Fluss befinden, können die Atmung positiv beeinflussen. Sie tragen zu einer ruhigen, rhythmischen und gleichmäßigen Atmung bei.

Bei den folgenden Spielen und Übungen lenken die Kinder ihre Aufmerksamkeit auf die eigene Atmung. Auf diese Weise lernen sie mit Belastungssituationen, wie Stress, Leistungsdruck und Angst besser umzugehen.

Bedenken Sie bitte bei allen folgenden Übungen: Kinder sind das bewusste Atmen nicht gewöhnt. Um Überanstrengung und Schwindelgefühl zu vermeiden, müssen sie zwischendurch immer wieder Pausen machen, in denen sie wie gewohnt ein- und ausatmen. Bevor Sie Atemübungen in Ihrer Kindergruppe beginnen, sollten Sie sich bei allen Eltern versichern, dass keines der Kinder von einer Atemwegserkrankung betroffen ist. Außerdem gilt der Grundsatz: Beobachten Sie die Kinder bei den Atemübungen genau und achten Sie auf Anzeichen von Überanstrengung oder Schwindel.

Luftballonatmung

Material: Luftballon

Jedes Kind bekommt einen aufgeblasenen Luftballon, zieht seine Schuhe aus und legt sich auf eine Decke. Der Kopf ruht bequem auf einem Kissen. Nun legt jedes Kind seinen Luftballon vorsichtig auf den Bauch und umarmt ihn behutsam, damit er auf dem Bauch liegenbleibt.

Die Kinder atmen gleichmäßig ein und aus und beobachten dabei den Luftballon. Mit jedem Atemzug bewegt sich der Luftballon gleichmäßig auf und ab. Die Kinder spüren ihn auf ihrem Bauch und erleben bewusst den eigenen Atemrhythmus. So verstehen sie auch besser, was mit „Bauchatmung" gemeint ist. Indem die Kinder möglichst weit in den Bauch atmen, bewegt sich der Luftballon intensiver auf und ab.

 ## Atem spüren

Material: –

Die Kinder nehmen einen „festen Stand" im Raum ein. Dabei stehen die Beine etwa hüftbreit fest auf dem Boden. In dieser Ausgangsposition federn die Kinder leicht in den Knien, der Oberkörper bleibt gerade, so dass ein besonders guter Atemfluss ermöglicht wird.

Um den eigenen Atem bewusst wahrnehmen zu können, hält jedes Kind seine Handfläche ca. 1 cm vor die Nase und schließt seine Augen. Nun atmet jedes Kind möglichst tief in den Bauch hinein und atmet anschließend langsam wieder aus. Das Ausatmen sollte viel länger dauern als das Einatmen. Beim Ausatmen spüren die Kinder die warme Luft auf der Handfläche.

Nach bis zu fünf Wiederholungen beenden die Kinder die Übung und öffnen ihre Augen. Danach findet ein Erfahrungsaustausch statt:

Was konnten die Kinder beim Ein- und Ausatmen beobachten?
Wie fühlte sich die ausströmende Luft auf der Handfläche an?

 ## Atem beobachten

Material: Wandspiegel

Die Kinder stellen sich dicht vor einen Wandspiegel. Um einen
„festen Stand" zu erreichen, stellen sie ihre Füße etwa hüftbreit
nebeneinander, die Knie sind nicht durchgedrückt, sondern leicht
geknickt. Der Oberkörper bleibt gerade.
Alle Kinder atmen kräftig in den Bauchraum ein und lassen den
Atem langsam aus dem Mund entweichen, so dass sie beobachten
können, wie der kalte Spiegel durch die ausströmende Luft langsam beschlägt. Bei jeder Wiederholung versuchen die Kinder noch
intensiver ein- und ausatmen, so dass der Spiegel noch kräftiger
beschlägt. Das funktioniert nur, wenn die Kinder langsam ihr
Atemvolumen steigern.

 ## Das Atemecho

Material: –

Jeweils zwei Kinder stellen sich mit den Gesichtern einander zugewandt auf. Ein Kind beginnt und atmet zunächst tief aus. Anschließend atmet das Kind tief ein und wieder aus. Das Austatmen kann
auf verschiedene Weise erfolgen. Es kann langsam, zaghaft aber
auch schnell und kräftig ausgeatmet werden. Das Kind sucht sich
einen beliebigen Atemrhythmus aus. Die Aufgabe des Partnerkin-
des besteht darin, den Atemrhythmus des ersten Kindes aufmerksam zu beboachten und wie ein Echo möglichst genau zu wiederholen. Während das zweite Kind den Atemrhythmus wiederholt,
wird es vom ersten Kind beobachtet.
Anschließend tauschen die Kinder ihre Rollen.

Wattebausch auf der Hand

Material: Wattebausch

Die Kinder holen sich einen Wattebausch und legen diesen auf die flache Hand. Zunächst atmen alle Kinder kräftig aus, um anschließend möglichst weit in den Bauchraum hinein atmen zu können. Vorsichtig und behutsam bewegen die Kinder mit der ausströmenden Luft den Wattebausch auf ihrer Hand hin und her. Damit er nicht von der Handfläche fällt, müssen die Kinder sehr konzentriert langsam und gleichmäßig ausatmen. Sobald die Ausatmung beendet ist, machen die Kinder eine kurze Pause, in der sie „normal" und ruhig weiteratmen. Indem die Kinder kräftig ausatmen und tief einatmen, beginnt das Spiel erneut. Anschließend tauschen die Kinder ihre Erfahrungen in der Gruppe aus:
Wie musste die Atmung erfolgen, um den Wattebausch auf der Handfläche zu bewegen?
Wie fühlte sich der Wattebausch auf der Hand an?
Welche Materialien lassen sich noch mit dem ausströmenden Atem bewegen?

Tischpusteparcours

Material: Wattebausch und Tisch

Diese Übung erfordert schon ein hohes Maß an konzentrierter Atmung. Damit die Kinder ihren Wattebausch vorsichtig an der Tischkante entlang bewegen können, müssen sie zunächst kräftig ein- und ausatmen. Den ausströmenden Atem richten die Kinder auf den Wattebausch, den sie langsam am Tisch entlangbewegen, so dass er nicht herunterfällt. Damit es den Kindern beim Pusten nicht schwindelig wird, machen die Kinder nach jeder zielgerichteten Ausatmung eine kleine Pause, in der sie „normal" weiter atmen. Um mit möglichst wenigen Atemzügen den Wattebausch einmal um den Tisch herum bewegen können, müssen die Kinder versuchen, ihr Atemvolumen zu steigern. Dies gelingt nur, wenn so lange wie möglich ausgeatmet, bzw. die Atemströmung genau kontrolliert wird.

 ## Die Kraft des Baumes spüren

Ort: draußen

Folgende Atemübung bietet sich während eines Spaziergangs mit den Kindern an:
Vor einem Baum bleiben die Kinder stehen und bilden einen Halbkreis. Um die Kraft des Baumes zu verinnerlichen und seinen Wuchs nachzuvollziehen, machen sich die Kinder ganz groß. Sie stellen sich auf die Zehenspitzen, recken und strecken sich und atmen dabei ein. Anschließend atmen die Kinder langsam und möglichst doppelt so lange wieder aus. Parallel zum Ausatmen werden die Kinder langsam wieder kleiner.

 ## Farbenfrohe Pustespuren

Material: Malkittel, Malpapier, Tuch, Murmeln, verschiedene Finger-
            oder Plakafarben, genügend Schälchen

Kinder gehen gerne auf Spurensuche. Bei dieser Übung besteht die Aufgabe darin, mit eingefärbten Murmeln möglichst lange Pustespuren zu hinterlassen. Damit die Kinder die einzelnen Pustespuren gut voneinander unterscheiden und nachvollziehen können, werden verschiedenfarbige Finger- oder Plakafarben benutzt.
Die Kinder stehen locker und entspannt vor ihrem Malpapier, heben eine Murmel mit zwei Fingern vorsichtig auf und tauchen sie in eine Farbe ihrer Wahl. Anschließend legen sie ihre eingefärbte Murmel auf das Malpapier und säubern ihre Finger mit einem Tuch. Die Kinder atmen tief ein und richten die ausströmende Luft auf die Murmel. Damit die Murmel eine möglichst lange Farbspur hinterlassen kann, muss das Ausatmen deutlich län-

ger dauern als das Einatmen. Nach jedem Atemzug atmen die Kinder ruhig und normal weiter. Nach dieser kleinen „Atempause" setzen sie die Übung mit einer neuen Farbmurmel fort.
Am Ende der Übung schauen sich die Kinder aufmerksam die verschiedenen Farbspuren an. Wann war die Ausatmung besonders lange? Die längste Farbspur verrät es …

 ## Einen Plastikbeutel aufblasen

Material: Plastikbeutel

Alle Kinder bekommen eine Plastiktüte. Sie nehmen einen „festen Stand" ein. Dazu stellen sie ihre Füße hüftbreit auf und federn locker in den Knien. Dabei bleibt der Oberkörper gerade.
Nun müssen die Kinder den Plastikbeutel mit möglichst wenigen Atemzügen aufblasen. Dazu atmen sie zunächst kräftig aus und anschließend möglichst tief ein, so dass sich die Bauchdecke hebt. Die ausströmende Luft blasen die Kinder langsam und gleichmäßig in den Plastikbeutel hinein. Damit der Plastikbeutel schneller aufgeblasen werden kann, müssen die Kinder versuchen, ihr Atemvolumen weiter zu steigern.
Wird diese Übung in der Gruppe gemacht, dann kann das Kind ermittelt werden, welches die wenigsten Atemzüge zum Aufblasen des Plastikbeutels gebraucht hat. Aber: Vorsicht vor Schwindelgefühl!

 ## Luftballon pusten

Material: Luftballon und Tisch

Je zwei Kinder bekommen einen aufgeblasenen Luftballon und setzen sich an einen Tisch gegenüber. Den Luftballon legen die Kinder in die Mitte des Tisches.
Ein Kind beginnt, indem es zunächst kräftig ausatmet, um anschließend um so intensiver ein- und auszuatmen. Beim Ausat-

men versucht das Kind, den Luftballon zu seinem Gegenüber zu pusten. Damit der Luftballon auf der Tischplatte bleibt, muss das Kind langsam und gleichmäßig ausatmen. Sobald der Luftballon das Tischende erreicht hat, ist der Partner an der Reihe, den Ballon in gleicher Weise zurückzuschicken.

Um die Ausdauerbereitschaft der Kinder zu steigern, kann die Aufgabe lauten, den Luftballon zehn Mal hin und her zu pusten. Fällt der Luftballon vom Tisch herunter, fangen die Kinder erneut zu zählen an.

 ## Titanic

Material: Schiffchen aus Papier

In einer großen, mit Wasser gefüllten Schüssel schwimmen Styroporstückchen als „Eisschollen".

Ein Kind, der Kapitän, lässt sein Papierschiffchen vorsichtig zu Wasser und versucht nun, es durch Ausatmen (Pusten) um die gefährlichen Eisschollen herum zum anderen Ufer zu bewegen.

Damit das Schiffchen sein Ziel erreicht, muss „der Kapitän" nach Seemannsart tief einatmen und möglichst doppelt so lange wieder ausatmen. Dabei muss er sehr behutsam vorgehen: Das Schiffchen darf nicht mit Eisschollen in Berührung kommen.

 ## Schaumbad

Material: Planschbecken oder große Schüssel, Wasser,
    Badezusatz, der stark schäumt

Die Übung „Schaumbad" macht in einem Planschbecken sitzend am meisten Spaß. Ist ein solches Planschbecken nicht vorhanden, kann auch eine größere Schüssel mit Wasser gefüllt werden. Als Schaumbad eignen sich duftende Badezusätze.

Jedes Kind hebt behutsam etwas Schaum auf seine flache Hand und atmet tief in den Bauchraum ein. Anschließend versucht jeder möglichst viel Schaum durch bewusstes Ausatmen von der Hand zu pusten.

 ## Atemspaziergang

Material: –

In einem möblierten Raum gehen die Kinder auf Entdeckungsreise. Jedes Kind geht langsam im Raum spazieren und sucht nach Dingen, die es mit seinem Atem bewegen kann. Durch das Einatmen in den Bauchraum und das konzentrierte Ausatmen probieren sie, die Dinge entsprechend zu bewegen. Wer etwas gefunden hat, macht es den anderen Kindern vor, die das Bewegen durch Atmen dann selbstständig ausprobieren können.
Danach findet ein Erfahrungsaustausch statt:
Welche Dinge konnten bewegt werden?
Aus welchen Materialien bestehen die Dinge, die bewegt werden konnten?
Wie konnte das Atemvolumen gesteigert werden?

 ## Pusteblume

Ort: Wiese mit Löwenzahn

Wenn der Löwenzahn verblüht, bilden sich Samen am Blütenkopf – die Pusteblume lädt zum Spielen ein.
Für die folgende Atemübung sucht sich jedes Kind eine Pusteblume, die es vorsichtig pflückt. Es hält die Pusteblume mit ausgestrecktem Arm vor seinen Mund, atmet tief in den Bauchraum ein und anschließend langsam und gleichmäßig wieder aus, so dass der Samen der Pusteblume in alle Himmelsrichtungen fliegt.

Gegenstände fortbewegen

Material: Materialien, die unterschiedlich schwer sind

Jeweils zwei Kinder bekommen verschiedene Materialien, wie Watte, Papier, Holz und Plastik, die sie in eine Reihe nebeneinander auf einen Tisch legen.

Ein Kind beginnt mit der Übung, indem es tief ein- und ausatmet. Beim Ausatmen versucht es, das erste Material in der Reihe fortzubewegen. Beim erneuten Ein- und Ausatmen das zweite Material usw. Was lässt sich mit dem eigenen Atem am weitesten fortbewegen? Anschließend versucht es das Partnerkind. Gibt es andere Ergebnisse? Bei jedem Pusten beobachten die Kinder, ob und wie stark sich die Dinge fortbewegen lassen. Auf diese Weise lernen die Kinder, leichte und schwerere Materialien voneinander zu unterscheiden.

 ## Kerzen pusten

Material: Kerzen, Feuerzeug, kleiner Tisch

Voraussetzung für dieses Spiel ist, dass die Kinder schon zuverlässig und sicher mit Feuer umgehen können.

Auf einem kleinen Tisch stehen drei brennende Kerze. Das Kind, das das Spiel eröffnet, stellt sich direkt vor den Tisch, so dass es die Kerzen gut erreichen kann. Zunächst atmet das Kind kräftig aus und danach tief ein. Seine Aufgabe ist es, mit einem Atemzug alle Kerzen auszupusten. Hat es das geschafft, kann die Anzahl der Kerzen erhöht werden. Schafft das Kind auch vier, fünf oder sechs Kerzen durch konzentriertes Ausatmen auszupusten? Wer wird Pustekönig?

Die Lichterkette

Material: Kerzen, Feuerzeug, Tisch

Auch bei dieser Übung sollten nur solche Kinder teilnehmen, die zuverlässig mit Feuer umgehen können.

Vor einem Kind stehen fünf Kerzen aufgereiht. Die Aufgabe besteht darin, die Kerzen der Reihe nach auszupusten. Dazu stellt sich das Kind vor die erste Kerze und atmet tief ein. Bei der Ausatmung muss es darauf achten, dass es die ausströmende Luft nur auf die eine Kerze richtet. Danach macht es eine kurze „Atempause", in der es normal und ruhig weiteratmet. Nun widmet es sich der zweiten Kerze usw. Brennt keine Kerze mehr, zündet das Kind die Kerzen wieder an und bestimmt ein weiteres Kind aus der Gruppe, welches die Übung wiederholt.

 ## Atemkönigin

Material: Stoppuhr oder eine Uhr mit Sekundenzeiger

Die Kinder nehmen einen „festen Stand" ein, indem sie die Füße hüftbreit fest auf den Boden stellen, in den Knien locker federn und ihren Oberkörper gerade halten, so dass ein guter Atemfluss ermöglicht wird.

Alle Kinder atmen kräftig aus und tief in den Bauchraum ein. Das anschließende Ausatmen erfolgt langsam und gleichmäßig. Dabei nehmen sich die Kinder deutlich mehr Zeit als beim Einatmen.

Ein besonderer Anreiz das Atemvolumen zu steigern, kann eine Stoppuhr oder eine Uhr mit einem Sekundenzeiger sein. Bei jedem Ausatmen wird dann die Atemlänge gestoppt. Wer am meisten Ausdauer hat, wird „Atemkönig" bzw. „Atemkönigin".

Pflanzenblätter sanft bewegen

Material: Pflanze mit zarten Blättern

Die Kinder sitzen um eine Pflanze mit zarten Blättern. Sie sind der Wind, der die Blätter sanft bewegt. Dazu atmen die Kinder kräftig ein und möglichst doppelt so lang wieder aus. Beim Pusten versetzten die Kinder die Pflanzenblätter in feine Bewegungen.

 ## Gewürztisch

Material: zwei verschiedene Gewürze

Auf einem Tisch liegen zwei kleine Gewürzhäufchen, z.B. Petersilie und Thymian.

Zwei Kinder aus der Gruppe erhalten die Aufgabe, jeweils ein Häufchen zum gegenüberliegenden Tischende zu pusten. Beim Pusten müssen die Kinder darauf achten, dass sich die Gewürze nicht miteinander vermischen.

Zunächst beginnt ein Kind und sucht sich ein Gewürzhäufchen aus. Um das Gewürzhäufchen mit einem Atemzug möglichst weit wegpusten zu können, muss das Kind tief einatmen und deutlich länger ausatmen. Dabei pustet es langsam und gleichmäßig sein Gewürzhäufchen nach vorne. Dann kommt der Partner an die Reihe. Die Kinder wechseln sich so lange ab, bis die Gewürzhäufchen das Tischende erreicht haben.

 ## Fantasiereise „Wind"

Material: Isomatten oder Decken

Die Kinder legen sich auf eine Decke oder Isomatte. In der Rückenlage ruhen ihre Köpfe bequem auf Kissen. Die Beine liegen etwa hüftbreit auseinander und die Fußspitzen fallen locker zur

Seite. Nach Möglichkeit sind die Augen geschlossen. Indem die Kinder ihre Hände auf den Bauch legen, spüren sie, wie sich bei jedem Atemzug der Bauch hebt und senkt. Dabei können die Kinder ihren Atemrhythmus bewusst wahrnehmen.
Sobald alle Kinder bequem liegen, beginnt die Fantasiereise.

„ Du liegst ganz entspannt auf den Boden. Alle Geräusche, die dich umgeben, treten in den Hintergrund und sind unwichtig. Du fühlst dich wohl und beginnst eine kleine Reise.
In deiner Fantasie ist alles möglich, du stellst dir vor, dass der Wind deine Hilfe braucht. Der Wind ist alt und schwach geworden, er braucht deinen starken Atem, damit er wehen kann. Zunächst blast ihr gemeinsam ganz schwach. **Du atmest ein und aus.** Du spürst wie sich beim Einatmen dein Bauch leicht hebt und beim Ausatmen wieder senkt. *(Kurze Pause! Die Kinder atmen ruhig weiter.)*
Danach bläst der Wind etwas stärker und du machst mit. **Du atmest etwas kräftiger ein und aus.** Du spürst wie sich beim Einatmen dein Bauch etwas stärker hebt und beim Ausatmen wieder senkt. *(Kurze Pause! Die Kinder atmen ruhig weiter.)*
Nun strengt sich der Wind richtig an und du machst mit. **Du atmest ganz kräftig ein und aus.** Du spürst wie sich beim Einatmen dein Bauch wölbt und beim Ausatmen wieder senkt. *(Kurze Pause! Die Kinder atmen ruhig weiter.)*
Der Wind ist jetzt richtig erschöpft und du bist es auch. Du bist müde und schläfrig. Du ruhst dich ein wenig aus und träumst vor dich hin.
Alles um dich herum ist ganz friedlich. Du fühlst dich entspannt und schöpfst neue Kraft.
Langsam kommst du wieder von deiner Fantasiereise zurück. Du öffnest deine Augen und stehst langsam über die Seitenlage wieder auf. Du machst eine Faust und streckst dich.“

(Die Kinder richten sich behutsam auf. Bevor sie sich hinstellen, sollten sie kurz im Sitzen verharren, damit ihnen nicht schwindelig wird.)

Tischfußball

Material: vier gleich große Bauklötze, Wattebausch, Tisch

Zwei gleich große Mannschaften setzen sich an einen Tisch gegenüber. In der Mitte jedes Tischendes stehen zwei Bauklötze parallel zueinander; sie bilden die Tore. Auf die Tischmitte legen die Spieler einen Wattebausch.

Ein neutraler Spieler ist Schiedsrichter. Sobald der Startpfiff zu hören ist, versuchen beide Mannschaften den Wattebausch in das jeweilige Tor des Gegners zu pusten. Wird der Wattebausch vom Tisch gepustet, muss der Schiedsrichter ihn wieder in die Spielfeldmitte legen. Es hat die Mannschaft „Anstoß", die den Wattebausch nicht vom Tisch gepustet hat. Nach einer zuvor vereinbarten Zeit erfolgt der Schlusspfiff. Wer konnte die meisten Tore pusten?

 # Hindernispusten

Material: sechs Streichholzschachteln, Wattebausch, Tisch

In einem Abstand von ca. zehn Zentimetern stellen die Spieler sechs Streichholzschachteln hintereinander auf einen Tisch.

Ein Spieler beginnt, indem er versucht, den Wattebausch im Slalom um die Streichholzschachteln zu pusten. Aber Vorsicht: Damit keine Streichholzschachtel durch das Pusten umfällt, muss die Ausatmung langsam und zielgerichtet erfolgen.

Hat der Spieler eine Streichholzschachtel umgepustet, wird diese als Minuspunkt gezählt. Gewonnen hat der Spieler, welcher das Ziel mit den wenigsten Punktabzügen erreichen konnte.

Sind die Kinder geübter, können sie das Hindernispusten auch auf Zeit spielen.

Wer wird Pustekönig?

Material: Kerzen, Feuerzeug, Tisch

Alle Spieler sitzen um einen runden Tisch herum. In der Tischmitte steht eine brennende Kerze.
Ein Spieler beginnt und atmet kräftig ein, um anschließend durch sein langsames und zielgerichtetes Ausatmen die Kerze auszupusten. Der Spieler zündet die Kerze wieder an und bittet einen weiteren Spieler den Vorgang zu wiederholen. Sind alle Spieler an der Reihe gewesen, wird eine weitere Kerze dazugestellt und angezündet. Danach beginnt das Spiel erneut. Um die beiden Kerzen auf einmal auspusten zu können, muss das Atemvolumen entsprechend gesteigert werden. Gelingt das Auspusten der beiden Kerzen nicht, muss der betreffende Spieler ausscheiden. Nach jeder Runde zünden die Spieler eine zusätzliche Kerze an. Es gewinnt, wer mit einem Atemzug die meisten Kerzen auspusten kann.

 # Pusteball

Material: DIN A3-Papier, acht Tischtennisbälle

Die Kinder gehen paarweise zusammen und befestigen ein aus zwei DIN A3-Bögen zusammengeklebtes Spielfeld auf dem Boden. In die Mitte des Spielfeldes legen die Kinder acht Tischtennisbälle.
Jedes Kind legt sich vor seine Spielfeldhälfte und auf ein Startzeichen hin, versuchen sie möglichst viele Tischtennisbälle auf die Seite des Gegners zu pusten. Nach einer vorher vereinbarten Spielzeit, erfolgt ein Schlusspfiff. Wer die wenigsten Bälle in seiner Spielfeldhälfte hat, ist Gewinner der Spielrunde.

Seifenblasen pusten

Material: Seifenblasenfläschchen

Die Kinder bilden Paare; jedes Paar bekommt ein Seifenblasen-fläschchen.
Ein Partnerkind stellt mit einmal Ausatmen so viele Seifenblasen her, wie es möglich ist. Das zweite beobachtet die Seifenblasen aufmerksam und erst wenn der Partner mit Pusten aufgehört hat, darf es möglichst viele Seifenblasen mit einem Finger zerplatzen lassen.

 ## Spüre den Windhauch

Material: –

Bis auf das „Windkind" sitzen alle anderen im Stuhlkreis, schließen ihre Augen und strecken ihre Hände aus. Das Windkind geht langsam und möglichst geräuschlos im Kreis spazieren.
Dabei verhält sich die Gruppe ganz ruhig. Vor einem Kind bleibt es stehen, atmet zunächst tief ein und bläst dann den Atem langsam auf die ausgestreckten Hände des anderen aus. Spürt das Kind den Windhauch auf seinen Händen, öffnet es die Augen und geht in der folgenden Runde ebenfalls als Windkind im Kreis herum.

 ## Kraft schöpfen

Material: Handtrommel

Mit der Übung „Kraft schöpfen" wird den Kindern bewusst gemacht, dass Atem-Pausen zur Stärkung von Körper, Geist und Seele beitragen können. Da auch Kinder häufig schon unter Stress und Leistungsdruck stehen, wächst die Bedeutung bewusst eingesetzter Entspannungsmomente.

In dieser Übung wechseln sich Bewegung und Ruhe zum Atem-Holen und Atem-Loslassen ab. Zuvor werden verschiedene Rhythmen festgelegt, nach denen die Kinder sich im Raum bewegen, zum Beispiel:

schnell gehen – 4/4 Takt auf der Handtrommel spielen

hüpfen – 3/4 Takt auf der Handtrommel spielen

schleichen – mit der Handfläche auf der Handtrommel kreisen, bzw. reiben.

Zu Beginn der Übung stellen sich alle Kinder im Raum auf. Die Erzieherin gibt mit der Handtrommel eine Gangart vor, zu der sich die Kinder bewegen.

Ein lauter Schlag auf die Trommel fordert die Kinder auf, langsam und gemächlich weiterzugehen, sich dabei zu recken, so dass sie auf Zehenspitzen laufen und tief einatmen. Beim langsamen und bewusstem Ausatmen wird die Streckung zurückgenommen und der Oberkörper entspannt sich.

Nach dieser „Atempause" geht es im Rhythmus der Trommel weiter.

Register

Spiele, die hellhörig machen

⊚ Spiele, die Augen öffnen

Spiele für Spürnasen und Feinschmecker

Spiele fürs Fingerspitzengefühl

Spiele zum Luft holen